Klaus Garber

ARKADIEN

Klaus Garber

ARKADIEN

Ein Wunschbild der europäischen
Literatur

Wilhelm Fink

Umschlagabbildung:
Arcadia, die Personifikation von Arkadien. Hinter ihr ein junger Satyr mit
Syrinx und Hirtenstab (pedum). Detail eines römischen Mosaiks (Herakles und
Telephos) aus dem Augusteum (sogenannte Basilica) von Herculaneum.

Bibliografische Information der Deutschen Nationalbibliothek

Die Deutsche Nationalbibliothek verzeichnet diese Publikation in der Deutschen
Nationalbibliografie; detaillierte bibliografische Daten sind im Internet über
http://dnb.d-nb.de abrufbar.

Alle Rechte, auch die des auszugsweisen Nachdrucks, der fotomechanischen
Wiedergabe und der Übersetzung, vorbehalten. Dies betrifft auch die
Vervielfältigung und Übertragung einzelner Textabschnitte, Zeichnungen
oder Bilder durch alle Verfahren wie Speicherung und Übertragung auf Papier,
Transparente, Filme, Bänder, Platten und andere Medien, soweit es nicht §§ 53
und 54 URG ausdrücklich gestatten.

© 2009 Wilhelm Fink Verlag, München
(Wilhelm Fink GmbH & Co. Verlags-KG, Jühenplatz 1, D-33098 Paderborn)

Internet: www.fink.de

Einbandgestaltung: Evelyn Ziegler, München
Printed in Germany.
Herstellung: Ferdinand Schöningh GmbH & Co. KG, Paderborn

ISBN 978-3-7705-4892-7

Inhalt

Vorbemerkung 9

I ‚Die Quelle springt, vereinigt stürzen Bäche' 11

II Mythische Hirtenwelt 17

III Vergil als Begründer der europäischen Arkadien-Utopie . . 33

IV Humanistisches Arkadien an der Pegnitz 43

V Sozialer Antagonismus in Arkadien? 53

VI Emanzipation des weiblichen Geschlechts 59

VII Höfisches Arkadien 69

VIII Aufklärung und Arkadien – empfindsam getönt 79

IX Die idyllische Welt als menschheitliches Modell 87

X Vorrevolutionäre Kritik 95

XI Scheitelpunkt und Sattelzeit: Die bürgerliche Idylle 103

XII Arkadischer Ausklang 111

Anmerkungen 119

Bibliographie 145

Abbildungsnachweis 155

Den fernen Freunden

GERHART HOFFMEISTER
(Santa Barbara/Kalifornien)

KARL F. OTTO
(Chicago/Illinois)

MAX REINHART
(Athens/Georgia)

Dem Gedenken an

KENZO MIYASHITA
(Tokyo)

Vorbemerkung

Der Text des vorliegenden Büchleins beruht – mit Ausnahme des zweiten Kapitels – auf einer dreistündigen Sendung, die im September 1987 im zweiten Programm des Bayerischen Rundfunks ausgestrahlt wurde. Franz J. Bautz hatte – vermittelt über Garleff Zacharias-Langhans – den Autor zu dem Vortrag eingeladen in einer Zeit, da dreistündige Beiträge zu bester abendlicher Sendezeit im Rundfunk noch möglich waren.

Da derzeit eine große, in den siebziger Jahren begonnene Untersuchung zur europäischen Arkadien-Utopie wieder aufgenommen und zum Abschluß geführt wird, schien es verlockend, einen Appetizer nach Art des im Humanismus so beliebten ‚Prodromus‘ vorauszuschikken, der vielleicht dazu angetan ist, dem freilich ganz anders gearteten ‚opus magnum‘ den Weg zu ebnen.

Der Text wurde in der von mehreren Sprechern vorgetragenen Rundfunk-Version belassen. Es war seinerzeit vereinbart worden, ein ausgewogenes Verhältnis zwischen der Darbietung der Quellen und den Kommentaren des Autors zu wahren. So verstehen sich die zwölf Kapitel auch als Einladung zur Lektüre großer Zeugnisse der abendländischen Literatur – bekannter wie vergessener.

Zu danken ist Andreas Knop und Raimar Zons vom Wilhelm Fink Verlag für das Interesse und die tätige Mitwirkung an dem Zustandekommen der kleinen Studie.

Die Einrichtung des Textes lag in den Händen der Altphilologin und Romanistin Renate Westrup, die auch an der Vorbereitung des Arkadienbuches beteiligt ist. Bei den Bildvorlagen half Stefan Anders, ohne dessen vorherige kritische Überprüfung in den vergangenen zwei Jahrzehnten kein Buch des Verfassers das Licht der Öffentlichkeit erblickte.

Der eben ihre Arbeit in der Forschungsstelle zur Literatur der Frühen Neuzeit an der Universität Osnabrück aufnehmenden studentischen Hilfskraft und dem langjährigen, aus der täglichen Arbeit nicht mehr fortzudenkenden wissenschaftlichen Mitarbeiter gilt ein herzliches Wort des Dankes.

Der Thyssen-Stiftung und dem Niedersächsischen Ministerium für Wissenschaft und Kultur des Landes Niedersachsen ist der Verfasser für die gegenwärtige Unterstützung seiner Arbeiten dankbar verpflichtet.

Osnabrück, im Spätsommer 2009   KLAUS GARBER

I

‚Die Quelle springt, vereinigt stürzen Bäche'

Die Quelle springt, vereinigt stürzen Bäche,
Und schon sind Schluchten, Hänge, Matten grün,
Auf hundert Hügeln unterbrochner Fläche
Siehst Wollenherden ausgebreitet ziehn.

Verteilt, vorsichtig, abgemessen schreitet
Gehörntes Rind hinan zum jähen Rand,
Doch Obdach ist den sämtlichen bereitet,
Zu hundert Höhlen wölbt sich Felsenwand.

Pan schützt sie dort und Lebensnymphen wohnen
In buschiger Klüfte feucht erfrischtem Raum,
Und, sehnsuchtsvoll nach höhern Regionen,
Erhebt sich zweighaft Baum gedrängt an Baum.

Alt-Wälder sind's! Die Eiche starret mächtig
Und eigensinnig zackt sich Ast an Ast;
Der Ahorn mild, von süßem Safte trächtig,
Steigt rein empor und spielt mit seiner Last.

Und mütterlich im stillen Schattenkreise
Quillt laue Milch bereit für Kind und Lamm;
Obst ist nicht weit, der Ebnen reife Speise,
Und Honig trieft vom ausgehöhlten Stamm.

Hier ist das Wohlbehagen erblich,
Die Wange heitert wie der Mund,
Ein jeder ist an seinem Platz unsterblich:
Sie sind zufrieden und gesund.

Und so entwickelt sich am reinen Tage
Zu Vaterkraft das holde Kind.
Wir staunen drob; noch immer bleibt die Frage:
Ob's Götter, ob es Menschen sind?

So war Apoll den Hirten zugestaltet
Daß ihm der schönsten einer glich;
Denn wo Natur im reinen Kreise waltet
Ergreifen alle Welten sich.

Die Verse entstammen dem Helena-Akt aus Goethes Faust II, der die Mitte seiner größten literarischen Schöpfung bildet.[1] Für den geschulten Leser bedurfte es des abschließenden Mottos ‚Arkadisch frei sei unser Glück!' nicht, um sogleich zu erkennen, daß Goethe an dieser Stelle auf eine alte literarische Wunschlandschaft zurückgreift. Der lieblich-begrünte beschattete Ort, abgeschirmt von der Außenwelt durch die Felsenwand, die Herden in der Obhut des Hirtengottes Pan, die mächtigen Eichen, die Milch und Honig spendende Natur, die den Göttern ähnelnden Menschen, einfach, wunschlos, friedfertig – es sind dies (versetzt mit Zügen aus der goldenen Urzeit) die Ingredienzien der zweitausendjährigen Ideallandschaft Arkadien. Arkadien ist wie kein anderer Raum der europäischen Literatur durch Tradition und Übereinkunft geeignet, Schauplatz und Symbol der Vereinigung Fausts und Helenas, nordischen und griechischen Geistes zu werden.[2] (Abb. 1)

„Helenas vollkommene Schönheit hebt für einen Augenblick Fausts titanisches Streben auf, aber er selbst ist seinerseits gegen den zerstörenden Fluch gefeit, der ihre Schönheit dämonisch beschattet, und so erlebt er nicht die vernichtende, sondern nur die beglückende Macht ihrer Vollkommenheit. Zum Zeichen der Weltvergessenheit seines Glückes siedelt das Paar aus der fränkischen Burg nach Arkadien über und tritt damit aus dem heroischen Bereich der Geschichte in den idyllischen der Natur. Arkadien ist hier nicht ein Land wie jedes andere, obwohl Sparta benachbart, es ist vielmehr ein Zustand: das Goldene Zeitalter, das auch nicht ein Zeitalter ist wie andere, sondern der Zustand außer der Zeit. Arkadien ist für Griechenland und die abendländische Renaissance der mythologische Ort einer schlichten wunschlosen Seligkeit, zu der ihre Vollkommenheit ebenso gehört, als daß sie verloren ist. Der Zustand des wunschlosen Glücks der Liebenden war als solcher nicht darzustellen, nur zu versinnbilden, und Goethe kannte da-

Abb. 1: Arkadische Landschaft von Jakob Philipp Hackert

für kein reineres Symbol als die südliche Landschaft, wie er sie einmal in Sizilien hatte schauen dürfen – ‚Et in Arcadia ego!'"³

In arkadischer Landschaft wächst die Frucht der Liebe zwischen Helena und Faust, wächst Euphorion heran, freilich nur, um dem idealen Raum alsbald wieder zu entwachsen. Die beschwörende Aufforderung der Eltern, ‚heftige Triebe' zu bändigen, ‚ländlich im stillen' zu verharren, verschmäht er; ihn drängt es wie den Vater zur edlen, befreienden Tat, zur Bewährung in der politischen Sphäre und damit auch zur Bejahung von Zwist, Kampf und Läuterung als den Ingredienzien der geschichtlichen Welt, die mit dem Friedensversprechen der arkadischen Welt zwangsläufig kollidieren.⁴

EUPHORION
  Immer höher muß ich steigen,
  Immer weiter muß ich schaun.
    Weiß ich nun wo ich bin!
    Mitten der Insel drin,
    Mitten in Pelops Land,
    Erde- wie seeverwandt.

CHOR
> Magst du nicht in Berg und Wald
> Friedlich verweilen,
> Suchen wir alsobald
> Reben in Zeilen,
> Reben am Hügelrand;
> Feigen und Apfelgold.
> Ach in dem holden Land
> Bleibe du hold.

EUPHORION
> Träumt ihr den Friedenstag?
> Träume wer träumen mag.
> Krieg ist das Losungswort.
> Sieg! und so klingt es fort.

CHOR
> Wer im Frieden
> Wünschet sich Krieg zurück
> Der ist geschieden
> Vom Hoffnungsglück.[5]

Ist Arkadien darum von der Geschichte strikt geschieden? Ist es ein zu allen Zeiten sich gleichendes Reich der Unschuld, des Friedens, des Glücks? Hat es nur Anteil an der Natur, nicht aber an der Gesellschaft? Wäre dem so, dann verlohnte es gewiß nicht, sich ihm eingehender zu widmen. Arkadien jedoch hat sehr wohl eine Geschichte. Es hat die Wünsche, Hoffnungen, Sehnsüchte der verschiedensten Zeitalter Europas in sich aufzunehmen und zu assimilieren vermocht. Um diese freilich hinter dem immer wieder sich ähnelnden poetischen Arrangement zu erkennen und zu entziffern, bedarf es nicht nur des genauen Hinsehens auf den Text, sondern ebenso der weit ausgreifenden Erschließung des historischen, des politischen, des sozialen Kontextes, dem der jeweilige Text entstammt und in dem er zur Wirkung gelangt.

Literarische Mikrologie und geschichtliche Makrologie müssen ineinandergreifen, wenn anders der geschichtliche dichterische Gehalt, von Epoche zu Epoche sich wandelnd, diagnostiziert werden soll. Dann verwandeln sich die arkadischen, nur scheinbar sich gleichenden Bilder in erregende Chiffren sozialer Prozesse und der in sie verwobenen Träume der Menschen, werden erfahrbar als das, was sie über zweitausend Jahre für Dichter, Maler, Musiker und ihre Leser, Betrachter, Hörer waren: Von geschichtlicher Dynamik durchwaltete poetische Signale, erfüllt von utopischen Energien, die – uneingelöst in der geschichtlichen Welt – in unsere Gegenwart hineinreichen und immer noch zu helfen vermögen, unser Leben, unseren Umgang miteinander, unseren Umgang mit der Natur neu – und was hieße das anders als geschichtlich fundiert? – zu bestimmen. Versuchen wir uns an dieser um Historizität wie um Aktualität gleich bemühte Betrachtungsweise an einigen großen abendländischen Arkadien-Visionen aus dem Reich der Literatur.[6]

II

Mythische Hirtenwelt

Arkadien – nicht das der Geographie, sondern das der Kunst und Literatur – hat seine Heimat in der Hirtendichtung Europas. Die Hirtendichtung aber führt wie alle Literatur Europas zurück in die Welt des Mythos. Pan und Hermes, Apollo und Orpheus, Artemis und Demeter treten zusammen mit der Hirtendichtung in unseren Blick. (Abb. 2) Sie alle verbindet jedoch der Archeget der Bukolik, der schöne Sänger Daphnis. Seinen Spuren müssen wir zunächst folgen, wenn wir uns der unerhört reichen mythischen Semantik versichern wollen, die die pastorale wie die arkadische Welt gleichermaßen durchdringt.[7]

> Ringsum stöhnte der Berg, und Klagelieder ertönen
> Ließen die Eichen um ihn, die wachsen am Himera-Ufer,
> Als er wie Schnee am Fuße des hohen Haimos, des Athos,
> Rhodopes oder, am Ende der Welt, des Kaukasos hinschmolz.[8]

So weiß ein Hirt bei Theokrit in dessen berühmtestem Idyll, den ‚Thalysien‘, von dem Tod des Daphnis zu berichten. Er befindet sich dabei ganz offensichtlich in Übereinstimmung mit seinem – leider nur fragmentarisch überlieferten – Vorgänger Stesichoros aus dem 6. Jahrhundert v. Chr. Himera liegt an der Nordküste Siziliens. Sizilien ist die Heimat des Stesichoros wie des Theocritos. Nach Sizilien weisen die sagenumwobenen Ursprünge der europäischen Hirtendichtung.[9] ‚Hirt vom Ätna‘ lautet daher gelegentlich auch ein Beiname des Daphnis. Die ‚sizilischen Musen‘, die die europäischen Hirtendichter anstimmen werden, halten die Erinnerung an Theokrit, an Stesichoros und an Daphnis gleichermaßen wach. Aus Scham hat die Mutter den Neugeborenen im Lorbeerstrauch ausgesetzt. Hirten finden den Armen und geben ihm den Namen Daphnis (von ἡ δάφνη, der Lorbeer). Er wächst – von Nymphen aufgezogen – zum schönen Jüngling heran. Der Hirtengott Pan unterweist ihn selbst in der Musik auf der Hirtenflöte. Am Aetna, fern vom Gewühl der Welt, weidet er im Sommer

Abb. 2: Gipsabguß einer antiken Bronzestatuette des Pan

Abb. 3: Der Hirtengott Pan als Musiklehrer des Daphnis

und Winter seine Herden, erfindet das bukolische Lied und erfreut damit seine Jagdgefährtin Artemis. (Abb. 3)

Als eine Nymphe seine Gegenliebe erfährt, nimmt sie ihm das Versprechen ab, keine andere Frau zu berühren; andernfalls würde er geblendet. Daphnis wahrt ihr die Treue, bis er auf eine Königsburg gerät und von der Königstochter verführt wird. Die Angaben über sein Ende variieren. Blind in der Irre umherschweifend, stürzt er vom Felsen. Oder er tröstet sich in seinem Leid mit seiner Kunst. Oder aber sein Vater Hermes hebt ihn auf sein Flehen in den Himmel empor und läßt auf Erden eine Quelle zurück, an der die Sizilier jährlich Opfer darbringen. In einer anderen Erzähltradition liebt die schöne Nomia den schönen Daphnis, er aber verschmäht sie und verfolgt die Chimaira. Die Zurückgewiesene beraubt ihn wiederum seines Augenlichts und verwandelt ihn in einen Stein. Was machen die Dichter aus diesen Sagen? Wir werfen hier nur einen Blick auf Theokrit und Vergil.

Gleich das erste Theokritische Idyll ist dem Schicksal des Daphnis gewidmet.[10] Die Sammler und Schreiber müssen es als programmatisch empfunden haben und stellten es folglich an den Anfang der Theokrit-Abschriften. Hirtengesang vollzieht sich – wenn nicht bedeutungsvolle Umstände dagegen sprechen – in der schönen Naturkulisse. Theokrit ist hier für zwei Jahrtausende vorbildlich geworden – auch und gerade mit seinem ersten Idyll. Bei ihm aber kommt mehr hinzu. Die kultischen Ursprünge, wie sie sich insbesondere mit der Daphnis-Gestalt verbanden, prägen noch den Raum des Gesangs. „Eine angenehm rauschende Fichte steht in der Nähe von Quellen, ein Wasserfall stürzt von einem Felsen herab, eine Ulme steht an der Stelle, wo sich die Hirten niederlassen, Eichen und Tamarisken sind in der Nähe. Es ist ein Bild bukolischen Friedens. Der Ort ist den Nymphen heilig, in deren Namen zuerst Thyrsis den Ziegenhirten auffordert, auf der Syrinx zu spielen. Auch Pan, der beste Spieler auf diesem Instrument, ist zugegen, auch Priapos, dessen Standbild dem Sitz der Hirten gegenüber aufgestellt ist."[11] (Abb. 4)

Dieser dem Gesang geweihte Raum ist seit seiner frühesten literarisch bekannten Fixierung bei Theokrit dazu ausersehen, der Alltagswelt enthoben und der Welt der Kunst gewidmet zu sein. Das alleine qualifiziert ihn in der Geschichte der Gattung dazu, als ein der Welt, der Gesellschaft, dem Bestehenden entgegengesetzter, ein gegenbildlicher Raum zu fungieren und die Hoffnungen, Sehnsüchte, Wünsche der ‚Hirten' in sich aufzunehmen und zu verkörpern. ‚Arkadien' ist nichts anderes als das bukolisch-dichterische Kürzel dieser Hoffnungen. Theokrit kennt es noch nicht. Aber seine ‚eidyllia' in der ihnen von ihrem Dichter verliehenen Prägung bilden die wichtigste Voraussetzung für die erst in Rom erfolgende literarische Entdeckung Arkadiens. So auch und gerade im ersten Idyll.

Schon die Fichte und die Gestalt des Priapos verweisen den kundigen Hörer und Leser auf die Sphäre des Dionysos.[12] Dezent, aber be-

Abb. 4: Theokrit (?) auf einem spätantiken Silberteller

stimmt angedeutet wird sie in der Beschreibung der Schale, die dem singenden Hirten Thyrsis als Geschenk von dem lauschenden Geißhirten versprochen wird. Efeublätter und Arkanthus, beides dionysische Pflanzen, umranken das Gefäß. In der Schale selbst ist ein Weinberg mit rötlichen Trauben dargestellt – gleichfalls ein dionysischer Bezirk. Vielleicht verweist auch die Abbildung einer Frau, um die sich zwei Männer vergeblich bemühen, auf den benachbarten faunisch-satyrnhaften Bereich. Der Hörer und Leser zumindest ist genügend eingestimmt, um den Gesang von Daphnis zu vernehmen. (Abb. 5)

Es sind Hirtenlieder (αἱ βουκολικαὶ ἀοιδαί), die der Hirt Thyrsis mit dem Beistand der Musen zu Gehör bringt. Mit Daphnis weilten

22 MYTHISCHE HIRTENWELT

Abb. 5: Dionysos und Satyr auf einer antiken Trinkschale

die Musen stets im Bunde. Aber wo waren sie bei seinem Tod? Nicht sie trauerten um ihn. Vielmehr Schakale, Wölfe und Löwen ebenso wie Rinder, Färsen und Kälber, schließlich Rinderhirten, Ziegenhirten und Schäfer. Die wilden Tiere vereinen sich also mit den von Menschen gezähmten und den Menschen selbst in der Trauer. Das ist unfraglich eine von Theokrit bewußt hergestellte Assoziation an die Orpheus-Mythik. Von daher aber erklären sich auch die Anspielungen auf Dionysos.

„Unter den mythischen Archegeten und ‚Erfindern' der Musik steht Orpheus an erster Stelle (vor Philammon, Amphion, Linos, Thamyris usw.), und selbst den Ruhm des göttlichen Kitharoden Apollon hat er verdunkelt, ohne aber wie andere mythische Musiker in einen verhängnisvollen Konflikt zu geraten. Vom 6. Jahrhundert an bis zum Ausgang des Altertums sind Dichter und bildende Künstler nicht müde geworden, die Zaubermacht seines Gesanges und Saitenspieles, mit der er nicht nur die Menschen, sondern auch Tiere und Pflanzen, ja die unbelebte Natur und ihre Kräfte sich gefügig machte, in immer neuen

Abb. 6: Orpheus, Relief am Campanile des Doms in Florenz

Wendungen auszumalen, und die christliche Kunst hat hier in besonders hervorstechender Weise das Erbe der Antike angetreten."[13] (Abb. 6)

Es hat den Nimbus der Gattung Bukolik ganz ungemein befördert, daß ihr Archeget und fortan alle prominenten Hirtensänger ihre Kunstfertigkeit auf Orpheus zurückführen oder zumindest doch an ihm messen durften. Das konnte zu einem billigen, nichtssagenden Spiel verflachen; im Ursprung ist es konstitutiv für die junge, aber zukunftsträchtige Gattung. Es bedarf nur eines vorauseilenden Blicks auf Vergil, um das einzusehen. Vergil nimmt in seiner fünften Ekloge das von Theokrit vorgegebene Daphnis-Motiv wieder auf. Die Nymphen klagen um den toten Daphnis ebenso wie die punischen Löwen; Haselgebüsch und Bäche bezeugen es mittrauernd im einen Fall ebenso wie der Wald und das wilde Gebirge im anderen. Die Mutter des Daphnis empfängt jammernd den Leichnam des Sohns und klagt die Götter und grausamen Sterne an. Das ist ein Motiv, das Vergil aus der ‚Anthologia Palatina' entnehmen konnte. Dort trauert Kalliope so um Orpheus wie die (namenlose) Mutter um Daphnis. Es ist offensichtlich, daß Vergil expliziter noch als Theokrit „Daphnis als bukolischen Orpheus verstanden sehen will."[14]

Zugleich aber hat das bei Theokrit beobachtete dionysische Element bei Vergil seine deutliche Parallele.[15] Unter einer Höhle, umgeben vom Gerank der Weinrebe, finden sich die beiden bukolischen Sänger Menalcas und Mopsus zusammen. Das ist wiederum eine jener versteckten mythologischen Anspielungen, auf die man sich verstehen muß, wenn anders man einen Zugang zur alexandrinischen Kleinform der Bukolik gewinnen will, die ihre Kürze durch den traditionsgeschichtlich-literarischen Verweis und ihre restlose Durchformung wettzumachen weiß. Das kleine Knäblein Dionysos wurde den Nymphen von Nysa übergeben und in einer Höhle großgezogen – einer Höhle, die in zeitgenössischen Vasendarstellungen aus dem dritten vorchristlichen Jahrhundert genau wie später bei Vergil mit Reben und Trauben umrankt ist.[16]

Die Grotte hatte offensichtlich eine bevorzugte Rolle als Einweihungsort im Mysterienkult des Dionysos inne. Dionysos galt seit dem fünften vorchristlichen Jahrhundert als Dichtergott neben und zum Teil identisch mit Apollo. Im räumlichen Symbol deutet Vergil „damit nicht weniger an, als daß die beiden Sänger in die ‚arcana Bacchi' einweihen, wenn sie ihre Lieder in der Höhle singen. Bereits der frühe Vergil kündet demnach in seiner Weise an, was er im Finale des zweiten Georgikabuches auf andere Weise erneuert, und was dann Horaz so eindringlich und direkt zum Ausdruck bringt: Dichtung als Einweihung in die Mysterien des Dionysos und als göttlicher Dienst in der Verkündigung der dionysischen Heilslehre."[17] Das Daphnis-Lied des Mopsus – wohl zu unterscheiden von dem des Menalcas, von dem später zu sprechen sein wird – bekräftigt diese Deutung. Nicht nur der wilde punische Löwe betrauerte in Orphischer Tradition den Tod des Daphnis. Vielmehr gilt zugleich:

Daphnis lehrte zuerst dahier armenische Tiger
Bändigen unter das Joch und des Bacchus üppigen Reigen,
Lehrte den Thyrsusstab mit geschmeidigen Blättern umwinden
[…].[18]

Das mußte beim antiken Leser sogleich die Erinnerung an Dionysos wecken, der als Triumphator von Indien heimkehrte mit gebändigten Tigern als Zugtieren. Noch Alexander verstand seinen Indienzug als Rivalisieren mit Dionysos! Diese Verbindung von mythischer, dichterischer und politischer Sphäre ist Vergil für den Aufbau seiner bukolischen Welt besonders wichtig. Daphnis, der Heros und Archeget der Hirtenwelt, nimmt nicht nur die Züge des Orpheus, sondern zugleich auch die des Dionysos an.[19] Warum aber diese Kontamination, die Vergil noch wichtiger ist als seinem hellenistischen Vorgänger Theokrit?

„Nicht was er mit den anderen Göttern gemein hat, macht seine Größe, sondern was ihn unterscheidet", heißt es in der unübertroffenen posthum erschienenen Wilamowitzschen Darstellung ‚Der Glaube der Hellenen' von Dionysos. „Er ist ja nicht nur der Geber des Weines, sondern sein Geist befreit die Seele, auch wenn seine Orgien nicht mehr im Waldgebirge begangen werden. Die ausgelassene Festlust der Choen und Dionysien ist mehr als die feierlichen Prozessionen, und die dionysischen Spiele vollends sind mehr als alle Chorgesänge der alten Art, die sich dem neuen dionysischen Stile unterwerfen und oft Dithyramben heißen. Überall in der hellenischen Welt wird man nach der Aufführung von Tragödien verlangen und Theater bauen, und wohin die Tragödie kommt, da ist auch der Gott der Ekstase, der den Choreuten zum Satyr erhob und den Dichter aus der Seele der Heroen sprechen lehrte. Als der Bringer dieser neuen, höchsten Kunst eroberte sich der Gott von neuem die Hellenenwelt."[20]

Die Bukolik ist eine literarische Spätform. Sie hatte wie keine andere antike Gattung alle Berechtigung dazu, die dionysischen Weihen der ‚höchsten Kunst' des Dramas im verdeckten anspielungsreichen Zitat auch sich selbst zugute kommen zu lassen. War sie doch als dezidert antiheroische niedere Gattung zugleich die literarische Heimat der niederen Gottheiten, welche ihrerseits vielfach in so enger Affinität nicht nur zum Hirtengott Pan, sondern eben auch zum Gott der Tragödie Dionysos standen. Wenn die Frauen in den Bergwald ziehen, um sich dem Kult des Dionysos hinzugeben, dann sind es allein Silene und Satyrn, die mit ihnen ziehen und mit ihnen tanzen. „Die Wälder der Gebirge bevölkerten längst die Nymphen und die Halbtiere, Silene, Satyrn und wie sie sonst heißen. Wenn jetzt ein großer Gott durch diese Wälder zog, so wurden diese älteren Bewohner ihm untertan, und sie sind ganz zu seinem Gefolge geworden, schließlich hat er selbst Kentauren an seinen Wagen gespannt."[21] Im Wald, im Gebirge, in der Einsamkeit der ungebändigten Natur erscheint der Gott den in Ekstase versetzten Tanzenden. Das ist wahrlich keine bukolisch-arkadische Landschaft. Aber alle Hirtendichtung entspringt dem Ringen mit einer leidenschaftlichen Natur, die ihre elementare Gewalt jedem authentischen Zeugnis der Gattung mitteilt und wahrgenommen sein will, wenn anders ihrer harmlosen ‚idyllischen' Lesung von vornherein vorgebeugt sein soll. Auch die Gestalt des Daphnis ist nur vor diesem Hintergrund verständlich.

Priapos, dem Gott der Fruchtbarkeit, ist es bezeichnenderweise in dem Theokritischen Thyrsis-Lied vorbehalten, den unglückseligen Daphnis darauf hinzuweisen, daß die Geliebte sich ihrerseits in Sehnsucht verzehrt. Daphnis liebt nicht hoffnungslos, weil die Geliebte unerreichbar wäre, sondern weil er selbst sich der Liebe widersetzt. Die wilde Schmähung der Liebesgöttin durch den Hirtenheros Daphnis hat in der vortheokritischen Dichtung nur eine einzige Parallele, den ungeheuerlichen Monolog des Hippolites im gleichnamigen Drama des Euripides.

> Verderbliche Kypris!
>
> Kypris, empörende du, verhaßt den Sterblichen, Kypris!
> Meinst du, es sei mir bereits die letzte Sonne gesunken?
> Daphnis wird auch im Hades für Eros ein Ärgernis bleiben.[22]

Kypris steht für grenzenlose Promiskuität in den Augen des Daphnis. Seine Absage an die Liebe ist radikal, weil ausnahmslos. Hier klingt möglicherweise auch ein Moment aus den orphischen Reinigungskulten an; entscheidend ist das nicht. Es geht um die Exposition einer tragischen Situation in der hellenistischen Kleinform der Idylle. Nach der frühgriechischen Lyrik, nach dem Euripideischen Drama macht sich nun auch die ‚Idylle' zum Organon der blinden, zerstörerischen Macht des Eros. Das ist für die europäische Gattungsgeschichte von unermeßlichen Folgen gewesen. Liebeslyrik, Drama und Roman als die drei Hauptformen der europäischen Pastorale hätten sich nie ausgebildet und über Jahrhunderte gehalten, wenn sie – entgegen der landläufigen Ansicht von der ‚naiven' Hirtendichtung – nicht die ‚tragische' Liebe zum Vorwurf gehabt hätten. Das zu zeigen, ist eine der

Abb. 7: Grab des Daphnis, Illustration zu Vergils 5. Ekloge

wichtigsten Aufgaben für die ausstehende Geschichte der europäischen Pastorale und der in ihr geborgenen Arkadien-Utopie.

Aber schon Theokrit umkreist den Gegenpol zur Daphnis-Tragödie und Vergil wird ihm darin nicht nur folgen, sondern ihn überbieten. Mit dem Anruf der Musen hebt Thyrsis sein Daphnis-Lied an. Die Nymphen auf dem Pindos und im Tempetal – beides den Musen und dem Dionysos geheiligte Orte –[23] waren abwesend, als Daphnis starb. (Abb. 7) Es ist der bukolische Sänger, der ihn zitierend im eigenen Lied zu Gehör bringt, das Selbstverständnis des ersten singenden Hirten artikuliert und eben damit das Gedächtnis des mythischen Archegeten der Gattung stiftet. Die Bukolik ist wie keine andere Gattung der europäischen Literatur durch selbstreferentielle Züge bestimmt. Sie weiß um ihren Wert, weil sie sich schon bei Theokrit in den Dienst erinnernder Vergegenwärtigung stellt und als das kostbarste Ingredienz des Hirtentums die Befähigung zum Gesang als Überführung einer (leidenschaftlichen) Lebenswirklichkeit in die schöne – und das heißt vor allem gedeutete, reflektierte, bleibende – Anschauung der Kunst feiert.

Schweigend geht Daphnis in den Tod. Auch dem hinzutretenden Gott Hermes, nach alter Überlieferung der Vater, verweigert er sich sprechend. Er redet allein durch den Mund des begnadeten Nachfahren Thyrsis – eben im Hirtenlied. Seine Abschiedsworte an die Natur, an Berge, Wälder, wilde Tiere und heilige Quellen – wiederum in deutlicher Assoziation an die dionysische Lebenswelt – haben sich in der europäischen Literatur und insbesondere in der bukolischen und kasuellen Trauerdichtung hundertfach erhalten.

> Ihr Schakale und Wölfe und Bären in Höhlen der Berge,
> Alle lebt wohl! Ich Daphnis, der Hirt, bin im Wald und in Hainen,
> Unter den Eichen mit euch nicht mehr. Leb wohl, Arethusa!
> Bäche, lebt wohl, die vom Thymbris das liebliche Wasser verströmen.[24]

Natur in der Hirtendichtung ist sympathetische Natur. Mit Daphnis, dem ersten Sänger, fühlt die ganze Natur, keineswegs nur die liebliche – Ausdruck und Folge jenes gewaltfreien, von Gesang und einzig von ihm bestimmten Umgangs mit Natur, der in aller Hirtendichtung Europas seinen literarischen *locus classicus* bewahren wird. So ist es denn auch schon Theokrit, der jene symbolische Rückgabe der Hirtenflöte an den Hirtengott Pan einleitet, welche die europäische Bukolik über Vergil und Sannazaro bis hin zu Opitz und Gessner zu immer neuen bedeutungskräftigen Wiederholungen und Überbietungen angeregt hat, in denen literarische Genealogien bzw. Dezendenzen hergestellt und also literarische Identifikationen begründet wurden.

Die Welt verkehrt sich mit dem Tod des Daphnis. ‚Alles kehre sich um'; restituiert wird es nur im Gesang, und deshalb ist jede bukolische Kulisse mehr als nur heitere schöne ergötzliche Landschaft, nämlich Chiffre sinnvoller, Mensch und Natur im Gesang verbindender Existenz.

Mit der Spende an die Musen endet das erste erhaltene Idyll der europäischen Literatur.

> Ich grüße euch, Musen, o vielmal
> Grüße ich euch. Und ich will euch künftig noch lieblicher singen![25]

Das schöne Gefäß gehört dem Sänger; dionysische Wirklichkeit ist im schönen Lied erneut erfahrbar geworden.

Vergil geht noch weiter. Daß Demeter/Pales die Flur verläßt, dürfte wiederum in den Umkreis der Dionysos-Reminiszenzen gehören. Dionysos war auch ein Gott der Fruchtbarkeit und wurde als ‚Spender des Reichtums' angerufen. Mit Daphnis' Tod verschwindet nicht nur der Gesang von der Erde – Apollo verläßt die Trift gleichfalls -, sondern die Erde nimmt die unwirtlichen öden freudlosen Züge des eisernen Zeitalters an.[26] Ausgeprägt entwickelt ist das Selbstbewußtsein des Sängers Daphnis.

> Streuet mit Blättern den Grund, am Quell pflanzt Schattengebüsche,
> Hirten des Lands: ihm selber zu Ehren wünschet sich's Daphnis.
> Schüttet den Hügel ihm auf und setzt darüber die Grabschrift:
> Daphnis, im Walde dahier bis hoch an die Sterne gefeiert,
> Hegt ich die schönste der Herden. Ich selbst unter Hirten der schönste.[27]

Pastorale Sprache ist verschlüsselte Sprache, und Vergil hat neben den Erneuerern in der Renaissance – Dante, Petrarca, Boccaccio und Sannazaro – das Seine dazu getan. Das Säen und Pflanzen und Hegen in der schönen Natur ist seither eine beliebte Metapher für die Pflege der niederen, heroisch-konträren, schäferlichen Literatur. Daphnis ermuntert zu ihr, und vornehmster Gegenstand der neuen pastoralen Form ist er selbst. Er hegte die schönste der Herden, schrieb also die schönsten Verse, und ist deshalb der schönste unter den Hirten, die vollkommenste Verkörperung des Hirtengesangs. Bis zu den Sternen bekannt ist er, so weiß er selbst von sich zu sagen.

Darum bedeutet es für Vergil so viel, daß Menalcas selbst den Sänger Mopsus nun dem Daphnis annähert. (Abb. 8) Der Sänger des göttlichen Daphnis ist selbst ein göttlicher Sänger (‚divine poeta'); „du bist, was Daphnis gewesen".[28] Aber auch Menalcas darf von sich behaupten, daß Daphnis ihm gewogen war. Mopsus bekräftigt das nicht nur, sondern überreicht ihm zur Bekräftigung seinen Hirtenstab, während er selbst die Hirtenflöte des Menalcas empfängt, die den Hirten Vergilsche Lieder lehrte. Harmlose Schmeicheleien? Doch wohl eher die poetische Selbstvergewisserung im Zeichen des urzeitlichen Sängers Daphnis. Menalcas ist es vorbehalten, Daphnis in Anknüpfung an die umlaufende Hermes-Sage nun in den Himmel zu heben. Vom Olymp schaut er herab:

> Da steht rauschender Wald, stehn Feld und Fluren in Wonne,
> Pan und die Hirten der Trift und die baumeinwohnenden Mägdlein.
> Nimmer fürchtet das Lamm den Wolf, noch fürchten die Hirsche
> Jäger und tückisches Netz; denn Daphnis liebet sich Frieden.[29]

Abb. 8: Illustration zur 7. Ekloge des Vergil

Das ist die Umkehrung jenes Todes-Bildes, das Mopsus nach dem Untergang des Daphnis entworfen hatte. Die Macht des Gesangs hat den Sänger überdauert. Wo immer er wieder angestimmt wird, erneuert sich ein Weltzustand, dessen vornehmstes Ingredienz umfassende Harmonie ist, wie sie sich mit der Orpheus- und der Dionysos-Gestalt gleichermaßen verknüpfte. Daphnis ist nicht Orpheus und er ist nicht Dionysos. Er wahrt sein eigenes bukolisches Profil. Wenn Orpheus zwischen Dionysos und Apollo steht, mit jenem die orgiastische Erfahrung der Musik teilt, mit diesem den Sinn für Klarheit und Form, so darf auch Daphnis als Hirtenheros die vornehmsten Attribute verschiedener Gottheiten in sich vereinen. Als Heros der Hirtendichtung hat er wie keine Gestalt sonst die pastoralen Ideale auf sich gezogen. Wissend um die tragische Seite der Welt unter dem Joch Aphrodites, entringt er sich der Liebesgewalt im läuternden Gesang, der seither jedem in seinem Geist singenden Hirten mythischen Zauber verleiht. So lag es nahe, ihn zum Symbol absoluter Dichtung und poetischer Reflexion zu erheben.

Doch die Vergilsche Prägung reicht noch weiter. Nimmt die Welt, wo immer Daphnis gegenwärtig ist, wieder die Züge des goldenen Zeitalters an, so ist das mehr als eine poetische Chiffre. Das Motiv des Tierfriedens ist eine uralte, vor allem dem orientalischen Kulturkreis vertraute politische Formel für die Behauptung bzw. Restitution nationaler Einheit und Größe.[30] Vergil hat sie selbst in der vierten Ekloge in den Dienst seines politischen Messianismus gestellt. Den Weg dazu bahnt er sich schon in der früheren fünften Ekloge.[31]

Das römische Volk verband das Auftauchen eines Kometen nach Caesars Tod mit dem Glauben an die Erhebung des Feldherrn unter die Götter. Vergils Selbstanspruch des Dichters ist nicht auf den poetischen Bezirk begrenzt. Die *vates*-Konzeption, wie sie sich schon in den Eklogen ausprägt, umgreift den staatlich-politischen Bereich. Der Dichter gibt im Gesang auch das Ziel politischer Praxis vor. Herrscht Muße, *otium*, im Umkreis des Daphnis, so ist es jene, die uns sogleich in der Tityrus-Ekloge zu Eingang des Eklogenbuches entgegentreten wird, nämlich dankbar empfangen von einem Gott. Gestalt und Schicksal des Daphnis erfüllen sich erst in der Vergilschen Vision, weil erst der römische Dichter jenen unlöslichen Zusammenhang zwischen der poetischen und der politischen Welt stiftet, der der Bukolik ihren Siegeszug durch die europäische Literatur ermöglichte und Arkadien mit dem geschichtlichen Raum verband.

III

Vergil als Begründer der europäischen Arkadien-Utopie

„Arkadien, Landschaft auf der Peloponnes, Griechenland; überwiegend aus Kalksteinen aufgebautes Bergland, durch mehrere Becken gegliedert; in den Becken intensive Landwirtschaft (Getreide, Obst, Gemüse, Wein), in den Bergen Weidewirtschaft, stellenweise auch Waldwirtschaft." (Abb. 9)

So die lakonische Auskunft in Meyers Enzyklopädie.[32] Dieses griechische Bergland Arkadien besaß nichts, was es attraktiv für die Literatur hätte machen können. Und doch wurde es für fast zwei Jahrtausende zwischen Vergil und Goethe zum klassischen, durch nichts überbietbaren literarischen Wunschland. Wir vermögen heute diese dichterische Metamorphose in ihrem Ursprung recht genau zu sehen. Bruno Snell, der große Altphilologe, hat sie uns vorgeführt.

„Dies banale Arkadien war seit je bekannt, ja, galt für die Heimat des Urmenschen Pelasgos. Aber das ist nicht das Arkadien, an das heute alle denken, die den Namen hören: das Land der Schäfer und Schäferinnen, das Land der Liebe und der Dichtung. Dessen Entdecker ist Vergil. Wie er es entdeckt hat, können wir recht genau sagen: Der Historiker Polybios, der dem banalen Arkadien entstammte, hatte eine große Liebe zu seiner Heimat, und wenn es von diesem Land hinter den Bergen auch nicht viel Erbauliches zu erzählen gab, konnte er doch berichten, daß die Arkader von früher Jugend an daran gewöhnt würden, sich im Singen zu üben, und daß sie mit großem Eifer mancherlei musikalische Wettkämpfe hielten. Das las Vergil, als er an seinen Hirtengedichten, den Eklogen, schrieb, und bezog es auf die arkadischen Hirten, denn Arkadien war Hirtenland und Heimat des Hirtengottes Pan, der die Syrinx erfunden hatte. So ließ er seine Hirten in Arkadien leben und dichten."[33]

Vergil, wir haben es gehört, war nicht der erste, der Hirtengedichte schrieb. Der späthellenistische Dichter Theokrit, ein Zeitgenosse des

Abb. 9: Ruinen des Asklepieions von Gortys in Arkadien

Kallimachos und dem Hofe Alexandriens nahestehend, hatte die Gattung begründet. Vergil kannte die ‚Idyllen' seines Vorgängers genau und zitierte sie variierend vielfach. Und doch beginnt die Geschichte der europäischen Hirten- wie der europäischen Arkadiendichtung erst mit diesem größten Dichter der Römer.

Dabei ist es belanglos, ob Arkadien ausdrücklicher Schauplatz der Hirtengedichte ist oder die heimatliche norditalienische Landschaft am Po. Entscheidend ist allein, daß Vergil seiner Hirtendichtung eine innere dichterische Form verleiht, die die Identifizierung von schäferlicher und arkadischer Welt erlaubte und die bewirkte, daß diese Vergilische Version, die so bei Theokrit nicht vorgegeben war, die eigentliche literarische Heimat der Arkadien-Utopie bis in die Tage Goethes und der Frühromantiker blieb. Wir müssen die Vergilsche Konstruktion genau betrachten, bildet sie doch den Schlüssel für die fast zweitausendjährige Vitalität der Gattung im Ensemble der europäischen Literatur.

MELIBOEUS
   Tityrus, unter dem Dach der schattigen Buche gelagert,
   Pfeifst du, dir selber zur Lust, auf geschnittenem Halme dein
                                                         Waldlied;
   Wir aber wandern, wir fliehn der Heimat holde Gebreite,
   Fliehen das Heimatland. Du, Tityrus, lässig im Grünen,
   Lehrest den horchenden Wald Amaryllidis Namen erwidern.
TITYRUS
   O Meliboeus, ein Gott hat uns hier Frieden bereitet;
   Wahrlich, er soll mir immer ein Gott sein. Röte den Altar,
   Unsern, hinfort noch oft, vom Pferch enthoben, ein Lämmlein.
   Schau, meinen Rindern beließ er die Trift, mir selber die Muße,
   Was meinem Herzen gefällt, auf ländlichem Rohre zu flöten.
MELIBOEUS.
   Wohl, und ich neide dir's nicht. Nur staun ich: rings in den Landen
   Sind die Gemarkungen alle verstört. Ich selber in Trübsal
   Treibe die Geißen davon. Schau, die dort schlepp ich mit Mühen:
   Warf hier dicht im Haselgebüsch, auf nackenden Kieseln,
   Zwillingsfrucht und ließ sie zurück, der Herde Versprechen.
   Ah! uns sagte schon oft ein Blitz in berstender Eiche
   All den Jammer voraus, sofern wir nicht blöde gewesen.
   Doch aber, Tityrus, sag, wer ist es? Nenne den Gott mir.[34]

So lauten die Eingangsverse in der ersten Ekloge Vergils, von denen der beste Kenner der europäischen Literatur im 20. Jahrhundert, Ernst Robert Curtius, sagen konnte, daß demjenigen ein Schlüssel zur literarischen Tradition Europas fehle, der sie nicht im Kopfe habe.[35] (Abb. 10) Sie scheinen nur allzu harmlos. Dort der mußevoll verliebte Hirte Tityrus, hier der von seinen Besitzungen vertriebene, ganz auf die Rettung seiner letzten Habe, der Ziegen, konzentrierte Meliboeus. Und doch täusche man sich nicht. Hinter dem einfachen ländlichen Bild wird das Drama des römischen Bürgerkriegs im Übergang von der Republik zum Prinzipat sichtbar. Gleich die erste Ekloge Vergils öffnet sich wie verhalten auch immer dem politischen Geschehen und wird transparent für die Welt der Geschichte.[36] Schäferliche – oder wie wir jetzt sagen dürfen – arkadische und geschichtliche Welt verharren nicht

Abb. 10: Illustration zur 1. Ekloge des Vergil

in starrer Opposition, sondern sind in kunstvoller, exakt anzugebender Weise ineinander verschlungen.

Meliboeus ist eines der zahlreichen bäuerlichen Opfer der von Oktavian – dem späteren Augustus – zur Befriedigung der Ansprüche seiner Söldner verfügten Landanweisungen; er muß sein angestammtes Gut räumen. Tityrus hingegen ist von dieser Zwangsmaßnahme verschont geblieben, und sein mußevolles Musizieren in der heiteren Natur ist nicht nur Ausdruck seiner Freude, sondern zugleich pastorales Symbol seiner Rettung.

Sie aber verdankt er dem Eingreifen eines Gottes, hinter dem schon die Zeitgenossen die Gestalt Oktavians vermuteten. Damit rückt auch die Gestalt des Tityrus in eine neue Perspektive. Trägt er nicht auch die Züge seines Schöpfers Vergil, der auf Geheiß Oktavians in Mantua von den Wirren der Auseinandersetzungen ebenso abgeschirmt wurde wie Tityrus im Hirtengedicht? So öffnet sich die Hirtenwelt nicht nur dem politischen Geschehen, sondern auch der dichterischen Existenzform. Hirt und Dichter, schäferliche und dichterische Welt werden seit Vergils Eklogen zu Synonymen. Der pastorale Raum ist nicht nur erfüllt von Gesang, er ist der Raum des Gesangs, der Dichtung selbst, und als solcher auf den geschichtlichen Raum ebenso distinkt bezogen wie von ihm abgehoben.

> MELIBOEUS
> Oh, glückseliger Greis, dein Land bleibt fürder das deine!
> Wahrlich genugsam groß, wenn rings auch nackender Felsen
> Und mit schlammichtem Schilf der Sumpf die Weide dir schmälert.
> So wird nimmer dein Schaf, dein trächtiges, locken das fremde,
> Schädliche Kraut, dein Vieh mittwegs die Seuche befallen!
> Oh, glückseliger Greis, dahier an den Flüssen der Heimat,
> Hier an den heiligen Quellen erquickt dich fürder der Schatten!
> Über dem Nachbars-Rain ertönt das blühende Weidicht
> Immer, tagein, tagaus, von honigsuchenden Bienen,
> Deren Gesumme dich sanft und süß zum Schlummer beredet.
> Hier unterm Laube versteckt, am Felshang wird dir der Buchfink
> Schmettern, die Täublein im Hof, die deinigen, schweigen dir nimmer,
> Nimmer im Ulmbaum droben der Turtel gurrendes Locken.
> [...]
> Uns aber treiben sie fort zum Strand der dürstenden Afrer,
> Fern zu den Scythen hinaus, zum reißenden Sturz des Oaxes,
> Zu den Britannen, die ganz vom Rund der Feste getrennt sind;
> Ah, so gewahr ich dereinst, vielleicht nach Jahren, die Heimat,
> Schaue des Weilers Dach, von dürftigem Rasen geschichtet,
> Mein alt Reich, und wundere mich der wenigen Ähren?
> Wie? Ungläubigen wird mein Fleiß, barbarischen Söldnern
> Saat und Acker zuteil? Hat dies unselige Zwietracht
> Über die Bürger vermocht? Ah, wem umbrach ich die Scholle?
> Pfropfe den Birnbaum nun, Meliboeus, binde den Rebstock! -
> Wandert, ihr Geißen, davon, ihr vormals glückliche Herde!
> Schau ich doch nimmer fortan, ins Moos der Grotte bettet,
> Unterm Gestäud euch klettern am Rand der hangenden Klippe,
> Sing euch nimmer ein Lied und führ euch nimmer zum Anger,
> Daß ihr den blühenden Klee und die bittern Sträucher benaget.[37]

So der vertriebene Hirt Meliboeus in der deutschen Sprache der unübertroffenen Übersetzung Rudolf Alexander Schröders. (Abb. 11)

Abb. 11: Illustration zu den Hirtengedichten des Vergil

Bukolische, arkadische Dichtung lesen heißt, sich ganz allmählich mit ihrer Symbolik vertraut zu machen. Vergil ist deren erster Bildner gewesen, und die gesamte europäische Literatur wird von dem Archegeten der Gattung lernen. Der schöne heitere Lebensraum des Tityrus hat den Status eines Reservats. Er ist umgeben von unwirtlichen steinigen und versumpften Bezirken – dezentes und doch zugleich sprechendes Bild der Not und des Elends im Bürgerkrieg. Meliboeus kennt die Ursache seiner Vertreibung: Zwietracht hat das unselige Los über die erbarmungswürdigen Bürger Roms gebracht, das stellvertretend für die Vielen an seinem Schicksal exemplifiziert wird.

Und entsprechend ist auch das glückliche Dasein des Tityrus nicht Ausdruck eines zeitlosen pastoralen Existentials, sondern verdankt sich ebenfalls menschlichem Handeln, dem rettenden Eingriff Oktavians. So ist in dem ersten traditionsbildenden Hirtengedicht der europäischen Literatur die Lebensform der beiden Protagonisten von Politik durch und durch geprägt. Das sollte für die Physiognomie der europäischen Bukolik und damit der europäischen Arkadiendichtung entscheidend werden. Die immer wieder zu hörende Rede, daß schäferliche und arkadische Dichtung einen Raum jenseits von Staat, Gesellschaft und Politik entwerfen würde und beide Sphären verbindungslos nebeneinander verharrten, ist grundfalsch. Sie trifft für den Begründer der Gattung so wenig zu wie für alle seine Nachfahren, die ihr dichterisches Gesetz verstanden hatten und wußten, weshalb sie eben zu ihr griffen.

Ist dem aber so, dann sind wir zugleich gehalten, dem natürlichen Hirtenraum, wie er sich in Vergils erster Ekloge mit der Gestalt des Tityrus assoziiert, eine Qualität zuzuerkennen, die nur die wenigsten Betrachter ihm einzuräumen bereit sind. Der am heimatlichen Fluß lagernde Greis, erquickt vom Schatten der Bäume und den heiligen Quellen, vom Gesumm der Bienen im blühenden Gesträuch und vom Gesang der Vögel – er steht in unserem Gedicht erstmals als Inbild entspannten, befriedeten, wunschlosen Daseins in Konsonanz mit der schönen Natur ringsum, wie es denkbar und erfahrbar nur vor dem Hintergrund gelungener, richtiger, gerechter Politik wird.

Ist Meliboeus Unrecht geschehen, Tityrus umgekehrt Recht widerfahren, so will die künstlerische wie die gedankliche Bewegung des Gedichts vom Leser bzw. Hörer zum Abschluß geführt sein. Das schöne Leben im schönen Naturraum ist nicht ein statisches Tableau. Es wird gefährdet, relativiert, vielleicht gar in Frage gestellt durch die unwirtliche Kontrastlandschaft des Meliboeus. Uneingeschränktes Daseinsrecht darf der Lebensraum des Tityrus nur behaupten, sofern auch das Unrecht von Meliboeus genommen und also die falsche, weil unglückbringende Politik korrigiert ist. Kein Wort im Gedicht spricht dies aus, doch weist der Dichter auf seine Weise im Bild in diese Richtung. In einladender Gebärde sucht der Gerettete dem Gejagten den momentanen Frieden unter seinem Dach zu verheißen. Er soll ein allgemeiner werden und ist im Lebensraum des Tityrus symbolisch antizipiert.

> Dennoch könntest du, Freund, die Nacht hier weilen und ruhest
> Über der Laubstreu aus. Wir haben saftige Äpfel,
> Fülle geronnener Milch und Käs und reife Maronen:
> Schon steigt ferne der Rauch vom First der Weiler und Höfe;
> Und vom hohen Gebirg sank längst ein breiterer Schatten.[38]

Das ist die Form menschlichen Umgangs, wie sie in der Pastorale eingeübt wird. Der Nachbar und zumal der notleidende ist der Freund, wie Rudolf Alexander Schröder sinngemäß zu Recht hinzufügt. Mit ihm teilt man die einfache Speise, mit ihm ist man in Gespräch und beschaulicher Betrachtung verbunden, mit ihm weiß man sich eins in der Verehrung wie der Pflege der schönen Natur. Ein Gegenbild also auch dies zur friedlosen Politik, doch wiederum nicht so, daß die eine Sphäre in starrer Opposition zur anderen verharrte, sondern umgekehrt die öffentliche politische Macht ebenso verhalten wie entschieden auf die pastorale Perspektive verpflichtet wird als auf ihr regulatives Prinzip.

Und so dürfen wir denn ein erstes, unsere weiteren Betrachtungen leitendes Fazit ziehen. Die Altphilologie wehrt sich bis in jüngste Zeit in namhaften Vertretern teilweise vehement gegen jene utopische Lesart der antiken und speziell der Vergilschen Bukolik, wie wir sie hier versucht haben. Ich meine, zu Unrecht. Man macht sich keiner unstatthaften Übertragung moderner Vorstellungen und Kategorien auf die Antike schuldig, wenn man in einigen der zehn Eklogen Vergils ein poetisches Verfahren verschlüsselter politischer Ordnung wie Kritik inauguriert sieht, das der Dichter in seinen beiden nachfolgenden großen Werken, dem Gedicht vom Landbau, den Georgika, und dem politischen Epos der Gründungsgeschichte Roms, der Aeneis, mit anderen Mitteln, aber verwandter Intention wieder aufgreifen, weiterführen und zum Abschluß bringen wird.[39]

„Bucolica, Georgica, Aeneis, die drei Werke scheinen zuerst nicht viel miteinander zu tun zu haben. Bei längerem Umgang mit ihnen wird man jedoch der Einheit inne. Und gerade das Bild der geschichtlichen Welt wächst ganz folgerichtig, so sehr, daß man es am tiefsten dann versteht, wenn man es in den drei Werken nacheinander betrachtet, wie drei Wachstumszustände einer Pflanze. In den ‚Bucolica' ist ein entrückter, abseitiger Bezirk, der des Dichters, der großen Welt entgegengesetzt, worin furchtbar die Geschichte geschieht. Es ist wichtig zu sehen, daß dieser Dichter der geschichtlichen Welt nicht mit ihr anfängt, sondern erst in leidvollen Erfahrungen sie allmählich findet. Arkadien ist eine Zuflucht vor dem Fluch des von Schuld und Leid erfüllten Weltgeschehens, ist dem Bereich der Geschichte entgegengesetzt. Aber der Dichter lebt doch auch wieder inmitten dieses großen Weltwesens. Und wie alles, was er erlebt, sich in den Hirtenliedern spiegelt, so auch die Geschichte, die er erleidet. Am Rande der arkadischen Sphäre des Dichters erscheint drohend, übergewaltig der Krieg, der Umsturz. Klage um den Verlust der Heimat, um das Schöne, das mit dem Dichter schutzlos dem Untergang ausgesetzt ist, klingt im Gedicht auf und als Gegenstimme der Preis des Hohen, das gefährdet ist,

Abb. 12: Illustration zur 4. Ekloge des Vergil

des musischen Daseins, der Preis des Retters, der aus dem verderblichen Weltgeschehen heraus segensreich in den stillen Bezirk des Dichters hereinwirkt. So tritt die Geschichte in das bukolische Gedicht, und zwar die erlebte Geschichte jener Tage. Und die arkadische Kleinwelt im Ganzen, als edleres Abbild der Welt überhaupt, wird nun eine geschichtliche Welt wie die römische."⁴⁰

Diese Einsicht des Münchener Latinisten Friedrich Klingner will aufgenommen und weitergeführt werden. Natürlich geht es bei Vergil so wenig wie bei seinen Nachfolgern um politische Programme, soziale Entwürfe, konkrete Modelle und Vorschläge. Der Begriff der Utopie wäre falsch verstanden und seiner besten Möglichkeiten beraubt, wollte man ihn nur in dieser pragmatischen Funktion nach dem Muster der neuzeitlichen Gesellschafts-Utopie zulassen. Er tritt in der Dichtung dort in seine Rechte ein, wo innerhalb der fiktionalen Welt einer in aller Regel dechiffrierbaren und also identifizierbaren historischen Situation bzw. Konstellation eine verschlüsselte alternative Option entgegengehalten wird, ohne daß diese zu einem wie auch immer gearteten Sozialmodell ausgearbeitet sein müßte. Genau das ist in der ersten Ekloge Vergils der Fall.

Man braucht also gar nicht nur auf seine berühmteste Ekloge, die vierte, zu verweisen, in der er ein kommendes Reich des Friedens, der

Eintracht, des Glücks unter dem Stern des kommenden Kaisers August weissagt, wenn man von der utopischen Qualität seiner Hirtengedichte spricht.[41] (Abb. 12) Auch der arkadischen Welt des Tityrus eignet eine futurische Dimension, die man als das Komplement zur satirisch-kritischen in der Meliboeus-Passage begreifen muß. In ihr scheint exakt im Sinne Ernst Blochs voraus, was Wirklichkeit werden soll, sofern richtige Politik – wie sie sich für Vergil mit dem Namen des Augustus verband – dem Wüten des Krieges ein Ende bereitet hat und das Land befriedet ist.[42]

In diesem Sinn avancierte die Hirtenfigur des Vergilschen Tityrus samt der ihr zugeordneten lieblichen Naturkulisse für die Pastoraldichter Europas zum literarischen Archetyp, an dem sich die utopische Phantasie ebenso stets neu entzündete, wie umgekehrt das erbarmungswürdige Los des Meliboeus die Hirtendichter fortan mit der Lizenz ausstattete, jene Mächte und Figuren zu geißeln, die solch menschliches Leid zu verantworten hatten. Die Theoretiker der Pastorale wußten über die Jahrhunderte hinweg, warum sie das Hirtengedicht mit der Satire zu verbinden pflegten. Denn hier ging es von Beginn an nicht nur um die heile schöne Welt als unverbindliches Spiel der Phantasie, sondern zugleich um die geknechtete und geschändete als das Werk der Mächtigen.

Das utopische Potential der Pastorale profiliert sich allein vor diesem Hintergrund, der in jedem der großen Werke der Gattung seine tiefen Schatten hinterlassen hat, ja an ihrem Ende kurz vor der Französischen Revolution in einer Radikalität hervortritt, an der sie zu zerbrechen drohte, gehörte doch seit ihrem Beginn die Hoffnung auf Versöhnung zu ihrem Wesen, wie sie in der vierten, der Weissagungs-Ekloge, ihren bleibenden Ausdruck fand. So steht Vergils Eklogendichtung gleichermaßen am Beginn der pastoralen wie der arkadischen Utopie in der europäischen Literatur Europas. Denn dort, wo das ideale schäferliche Bild sich in Kontakt und Kontrast zur geschichtlichen Welt spezifiziert und konkretisiert, der verfehlten Aktion als Gegenbild entgegengesetzt und als ihr Regulativ verpflichtet wird, da formiert sich der arkadische als utopischer Raum, um dessen Geschichte es uns hier zu tun ist.

IV

Humanistisches Arkadien an der Pegnitz

Wir übergehen die weiteren antiken Zeugnisse und müssen es uns auch versagen, einen Blick auf das Mittelalter zu werfen. Obgleich Vergil doch in der vierten Ekloge das heraufziehende Friedensreich mit dem Heranwachsen des göttlichen Kindes verknüpft hatte, das die Christenheit alsbald mit dem Gottessohn identifizieren sollte, blieb die bukolisch-arkadische Überlieferung das ganze Mittelalter über erstaunlich fragmentarisch und sporadisch. Offensichtlich war das antike Arkadien und seine favorisierte literarische Ausdrucksform, die Bukolik, zu eng mit einem irdischen diesseitigen Glücksversprechen verbunden, als daß es sich den Ansprüchen einer christlich-allegorischen Literaturpraxis, wie die Kirchenväter sie propagierten, hätte unterwerfen lassen. Auf der anderen Seite sind das Alte wie das Neue Testament mit pastoralen Bildern und Symbolen durchsetzt; man denke nur an die Vergleiche Jahwes und Jesu mit dem guten Hirten, der seine Herde weidet.[43] (Abb. 13) Im Gleichnis vom guten Hirten, der sein Leben für die Schafe hingibt, hat es im Neuen Testament seine tiefste Ausprägung erfahren. Ungeachtet dieser eindrucksvollen Tradition ist es im Mittelalter nur ausnahmsweise zur geistlichen Adaptation der Pastorale gekommen. Dazu der beste Kenner der spätantiken und mittelalterlichen Eklogendichtung, der Bonner Latinist Wolfgang Schmid:

„Die überragende Größe des (göttlichen) Hirten, die ihm eignende besondere Wesenheit hatte zwar in der bildenden Kunst die Benutzung überkommener bukolischer Bildstoffe des Hellenismus keineswegs unmöglich gemacht; aber innerhalb der literarischen Sphäre lagen die Dinge anders, wofern jedenfalls an die traditionelle Hirtenpoesie gedacht ist. Die charakteristischen ‚bukolischen‘ Elemente des Neuen Testaments in die bestehende (antike) Dichtgattung hineinnehmen hieß diese um all das bringen, was bisher ihre besten Möglichkeiten ausgemacht hatte: die menschlich-allzumenschlichen Empfindungen, Gedanken und Sorgen des in der vergilischen Landschaft lebenden Hirten mußten ja dann in den wesentlichsten Punkten fallengelassen werden.

Abb. 13: Der Gute Hirte, Bodenmosaik in der Basilika von Aquileia

Auf Figuren religiöser Symbolik war zwar einzelnes Ausdrucksgut aus vergilischer Dichtung anzuwenden […]; aber in eine arkadische Gesamtkonzeption ließen sie sich schon deshalb nicht einführen, weil das Arkadien der Literatur sich vom Paradies beträchtlich unterscheidet. Die ‚bukolischen' Motive der zentralen christlichen Gedankenkreise mußten, wenn überhaupt, außerhalb der bukolischen Gattung dichterisch gestaltet werden; sich von ihnen zum Zwecke der Erneuerung der traditionellen bukolischen Idyllik inspirieren zu lassen, konnte ganz und gar nicht in Frage kommen."[44]

Erst in der Renaissance wird die antike Hirtendichtung in großem Stil wieder aufgenommen, und mit ihr steigt auch die Arkadien-Vision erneut empor, um nun für fast ein halbes Jahrtausend bis an die Schwelle der bürgerlichen Revolutionen die Literatur, die Bildende

Kunst und die Musik zu beherrschen. Von der Vitalität dieser erneuerten innerweltlichen antiken Glücks-Utopie in der Frühen Neuzeit vermag keine noch so eindrückliche Schilderung heute noch eine zureichende Vorstellung zu vermitteln. Der Arkadien-Mythos beschäftigte die Genies in allen Künsten, er faszinierte die Oberschichten an den Höfen, im Adel, in den Städten und trieb in allen Ländern Europas unentwegt neue Bildungen hervor. Die Kulturwissenschaft steht hier vor einem ihrer größten, noch kaum gelösten Rätsel. Denn natürlich ist mit der Aufzählung und Beschreibung der Tausende von Dokumenten noch kaum etwas ausgerichtet (so dankbar wir im übrigen für jede Bestandsaufnahme sind). Wir müssen nach den Gründen für diese die Jahrhunderte überdauernde Mode fragen und also die Bedürfnisse erspüren, denen sie entgegenkam und die sie offensichtlich auf ihre Weise zu befriedigen vermochte. Eine solche funktional orientierte Kulturgeschichtsschreibung aber steht noch ganz in den Anfängen.[45]

Wir bahnen uns den Weg wie stets in exemplarischer Manier, die Präzision mit Interdisziplinarität zu kombinieren gestattet. Und hier kommt uns zu Hilfe, daß wir zwei soziale Kreise ausmachen können, auf die die erneuerte Form offensichtlich eine ganz besondere Attraktivität ausübte: die nachmittelalterlichen modernen Höfe sowie die gelehrten Humanisten, wie sie beide in der italienischen Renaissance sich formierten und vielfach zusammenwirkten.[46] Wir sprechen zunächst von den letzteren, sind sie doch die eigentlichen Sachwalter des antiken Erbes. Sie alle verehrten das große Florentiner Dreigestirn Dante, Petrarca, Boccaccio als ihre Ahnherren und zugleich als die maßgeblichen Erneuerer der antiken, und das hieß vor allem der römischen Literatur-Formen. Alle drei haben sich denn auch in der Vergilschen Ekloge versucht und tiefsinnige, allegorisch verschlüsselte, bisher nicht restlos aufgeklärte Schöpfungen zustandegebracht.[47] (Abb. 14)

Seither gab es so gut wie keinen Humanisten, der nicht auf Latein oder in seiner Heimatsprache oder in beiden ein Hirtengedicht verfaßt und sich an den berühmten Vorgängern gemessen hätte. Tausende und Abertausende solcher Gedichte sind zwischen dem 14. und dem 17. Jahrhundert allüberall in Europa zustandegekommen, und zumal die lateinischen schlummern vielfach noch unentdeckt und also auch ungelesen in den Bibliotheken Europas.[48] Auch wir müssen sie bei dieser Gelegenheit übergehen und wenden uns sogleich der deutschen Produktion zu, die in der verspäteten Nation ja erst zu Beginn des 17. Jahrhunderts mit Martin Opitz und seinen Freunden begann, nachdem Italiener und Franzosen, Spanier und Portugiesen, Engländer und Niederländer, Ungarn und Polen vorangegangen waren und die deut-

Bucolicorum P. Vergilii

Maronis luculentissima ac familiaris vocabulorum explanatio

Vergilius de seipso

Mellifluū quisqs Rhomanū nescit Homerū
Me legat, et lecto credat vtrumqs sibi
Illius immensos miratur græcia campos
At minor est nobis sed bene cultus ager
Non miles, pastor, curuus non desit arator
Hec grays constant singula trina mihi

IDEM

Pastor arator eques: paui colui superaui
Capras rus hostes, fronde ligone manu

Abb. 14: Humanistische Ausgabe von Vergils Hirtengedichten

schen Nachkömmlinge nun ihrerseits mit inzwischen klassischen Vorbildern versorgen konnten. Diese hatten also zunächst ein intensives Lesepensum zu bewältigen, bevor sie selbst produktiv hervortreten durften, und darum versteht man die sogenannte Barockdichtung – die in Wahrheit ja die deutsche Gestalt der europäischen Renaissancepoesie ist – nur, wenn man sich in den europäischen Gefilden gut auskennt – ein schwieriges, aber reizvolles, die vergleichende Literaturbetrachtung notwendig forderndes Geschäft.[49]

Sie befunden sich nun auf einer aus der Massen lustigen und von der Vogel hellzwitscherenden und zitscherenden Stimlein erhallenden/ Wiesen Reyhenweise besetzt mit gleichausgeschossenen/ krausblätrichten/ dikbelaubten hohen Linden/ welche/ ob sie wol gleiches Alters/ schienen sie doch zu streiten/ als wenn eine die andere übergipfeln wolte. Unter denselben waren drey hellqwellende Springbrunnen zu sehen/ die durch das spielende überspülen ihres glatschlüpfrigen Lägers lieblich platscheten und klatscherten. Bey solchem Spatzierlust sange Klajus:

> Hellgläntzendes Silber/ mit welchem sich gatten
> Der astigen Linden weitstreiffende Schatten/
> Deine sanfftkühlend=beruhige Lust
>   Jst jedem bewust.
> Wie solten Kunstahmende Pinsel bemahlen
> Die Blätter? die schirmen vor brennenden Strahlen/
> Keiner der Stämme/ so grünlich beziert/
>   Die Ordnung verführt.
> Es lisplen und wisplen die schlupfrigen Brunnen/
> Von jhnen ist diese Begrünung gerunnen/
> Sie schauren, betrauren und fürchten bereit
>   Die schneychte Zeit.[50]

Wir befinden uns in dem Kleinod des Heiligen Römischen Reichs Deutscher Nation, in der altehrwürdigen Freien Reichsstadt Nürnberg kurz vor dem Ende des Dreißigjährigen Krieges, dem auch die stolze Königin unter den deutschen Städten ihren Tribut entrichten mußte. Der Dichter Johann Klaj, einer der begnadeten Lyriker des Jahrhunderts, war ein Opfer des Krieges.[51] Er verließ seine Heimat Meißen nach dem Studium der Theologie in Wittenberg und kam um die Jahreswende 1643/44 nach Nürnberg, wo er sich als Schöpfer neuer geistlicher Redeoratorien alsbald einen Namen machte. So fand er rasch die

Abb. 15: Gründungsschrift des Pegnesischen Blumenordens

Bekanntschaft des Patriziersohnes und berühmten Dichters Georg Philipp Harsdörffer – Verfasser des auch heute noch sprichwörtlichen Nürnberger Trichters, eines Schnellkurses im Verfertigen von Gedichten.[52] Alsbald kamen die beiden überein, auch in Nürnberg eine Dichtergemeinschaft zu gründen, wie sie andernorts, in Straßburg und Hamburg, in Leipzig und Königsberg etwa, bereits existierte. Schon ein Jahr später, 1644/45, etablierte sich in der alten Meistersingerstadt Hans Sachsens der Nürnberger Hirten- und Blumenorden an der Pegnitz, nun freilich nicht mehr aus Handwerkern zusammengesetzt, deren kulturelle Blütezeit vorbei war, sondern aus Gelehrten nach dem damaligen Verständnis, nämlich Studierten und also Lateinkundigen.[53]

Als Gründungsdokument aber figurierte seither das ‚Pegnesische Schäfergedicht' der beiden kongenialen Partner, aus dem wir zitierten. (Abb. 15) Es setzt ein mit dem vor den Toren Nürnbergs anlangenden Emigranten Klaj. Die Vergilische Erfindung, den Hirten mit dem Dichter gleichzusetzen, hat sich also durchgesetzt, sie war den europäischen Humanisten von Dante angefangen selbstverständlich. Das erste, was Klaj noch vor Eintritt in die Stadt vernimmt, ist der Gesang des Dichter-Hirten Harsdörffer, der sich nach einer Figur des englischen Schäferromans ‚Arcadia' von Philipp Sidney den Schäfernamen Strefon zugelegt hat.

1
Das Sorgenbefreyte Leben in Hürden
    Jst schätzbarer als hochtrabender Pracht/
Als mühsame Zeit in höhesten Würden/
    Vnd grosses Vermögens dienstbare Wacht.

2
Jch lebe mit Ruh in kleebaren Auen/
    Vergnüget in meinem niedrigem Stand/
Die/ welche zu Hof auf Hoffnungen bauen/
    Befesten den Grund auf weichenden Sand.

3
Man höret den Vogel im Käfig beklagen
    Der eisernen Bande knechtischen Zwang/
Ein anderer findt in Lüfften Behagen/
    Der kräußlicher führt freyen Gesang.

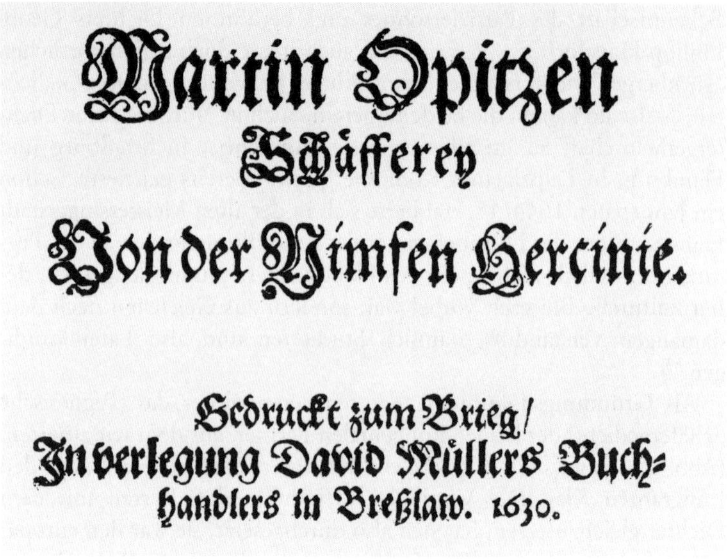

> **Martin Opitzen**
> **Schäfferey**
> **Von der Nimfen Hercinie.**
>
> Gedruckt zum Brieg/
> In verlegung David Müllers Buch-
> handlers in Breßlaw. 1630.

Abb. 16: Die Prosaekloge von Martin Opitz als Prototyp

4
Jch liebe die Flutgeschmoltzne Crystallen/
    Betaueter Erden triefendes Haar/
Wenn reichlich bereiffte Früchte gefallen/
    Vnd lieget in Wochen das heurige Jahr.

5
Wann andere voller Kümmernis Bürden
    Ermüdet von Sorgenbrechendem Schlaf/
So ziehen wir fort mit unseren Hürden/
    Vnd weiden in Freuden unsere Schaf'.[54]

Rasch bemerken wir, daß sich nach eineinhalb Jahrtausenden die Situation aus Vergils erster Ekloge wiederholt.[55] Dort der vom Krieg aus der Heimat vertriebene Dichter Klaj, hier der behaglich seine Hirtenflöte blasende Nürnberger Poet Harsdörffer. Natürlich ist der Anklang nicht zufällig. Alle Humanisten hatten das kleine Lied Vergils im Kopf; es war ungezählte Male imitiert worden. Neu an Harsdörffers und Klajs Schäfergedicht ist, daß es nicht nur aus Versen gefügt wird, sondern zugleich viele Prosapassagen enthält. Diese Mischform hatte ihr

Abb. 17: Pegnitzpartie mit Hallerwiese vor den Toren Nürnbergs

Vorgänger Martin Opitz in seiner ‚Schäferei von der Nymphe Hercinie' entwickelt und in Deutschland heimisch gemacht, nachdem Boccaccio, Sannazaro und andere große europäische Dichter vorangegangen waren.[56] (Abb. 16)

So strukturiert sich auch das Pegnesische Schäfergedicht wiederum antithetisch. Dort das vom Krieg heimgesuchte Meißen, hier das vom Krieg verschonte Nürnberg als Refugium der Hirten-Dichter. Dieser Hirtenraum ist wie seit je in der Gattung in den verführerischsten Farben gemalt, bei den Nürnbergern ergänzt um ihre Spezialität, die Klangmalerei. Aus Farben, Düften, Tönen haben die Nürnberger ihre heimatliche Umgebung, die Pegnitzlandschaft, zu einem irdischen Paradies umgestaltet.[57] Jeder Kundige inner- und außerhalb der Stadt wußte, daß sich hinter der Wiese mit den hohen, schnurgerade angeordneten Linden und den Springbrunnen die Hallerwiese unmittelbar vor den Toren im Westen der Stadt verbarg, auf der man noch heute genußvoll spazieren kann. (Abb. 17) So fand man das Vertraute hier wie anderwärts in den Städten zwischen Reval und Straßburg dichterisch erhöht in den schäferlichen Texten wieder und ergötzte sich daran.

Dieser arkadische Freiraum, der da in alter Tradition in der Pastorale statuiert und gegen die kriegerischen Wirren der Zeit behauptet wird, ist zunächst einmal ein Ort ungestörten und – wie wir sogleich hinzufügen dürfen – bezaubernden Gesanges. Vergessen wir nicht, keine fünfzig Jahre ist es her, daß der altdeutsche Knittelvers grassierte, ungelenk, ausgeleiert, bar jedweden ästhetischen Reizes. Und nun diese Musikalität, diese schlackenlose dichterische Sprache, der wiegende Rhythmus im neuen Versmaß des Daktylus, wie ihn Klaj bei seinem Lehrer August Buchner in Wittenberg kennen- und schätzengelernt hatte, dazu die einfallsreichen, unverbrauchten, einmal zarten, ein anderes Mal witzigen und anspielungsreichen Bilder und Metaphern.

Wir müssen bis in die Romantik vorausschauen, um derart im Wohlklang sich verströmende Klanggebilde wieder anzutreffen. Niemand hatte zu Beginn des Jahrhunderts voraussehen können und voraussagen dürfen, daß binnen weniger Jahrzehnte die deutsche Sprache einen derartigen Zuwachs dichterischer Geschmeidigkeit und poetischer Ausdruckskraft erfahren würde und in den gelungensten Zeugnissen sich umstandslos neben den Ausländern zu behaupten vermöchte. Aus der Geschichte der deutschen Naturlyrik sind die Gedichte der Nürnberger so wenig wie die der Leipziger um Paul Fleming, der Königsberger um Simon Dach, der Hamburger um Philipp von Zesen und Johann Rist wegzudenken; sie würden eine kostbare Anthologie füllen. In der arkadischen Dichtung des 17. Jahrhunderts hat sich die dichterische Eroberung der Natur nicht ausschließlich, aber doch vor allem vollzogen; unsere große deutsche Naturdichtung des 18. Jahrhunderts ist ohne diese Vorgänger nicht denkbar – wir sollten sie nicht vergessen.[58]

V

Sozialer Antagonismus in Arkadien?

Das Schäfergedicht war also beliebt, weil es ihren Schöpfern erlaubte, die neuesten Kostbarkeiten ihrer poetischen Sprachkunst in lockerer Fügung und heiterem Rahmen vorzutragen – ein ergötzliches Maskenspiel, wie es die versierten Literaten liebten, weil es Kennerschaft verriet und voraussetzte. Und doch ist damit keineswegs alles gesagt. Wir müssen eine weitere Schicht der humanistischen Arkadien-Dichtung freilegen – ungesehen und doch für jeden Kenner unübersehbar. Die Humanisten nutzten nämlich die Form auch, um leicht verhüllt im pastoralen Gewand ihr künstlerisches, ihr soziales, ja nicht selten ihr politisches Selbstverständnis vorzutragen. So gelesen, verwandeln sich die scheinbar harmlosen poetisch-pastoralen Fingerübungen in erregende Dokumente bürgerlich-gelehrter Mentalität und Selbstfindung. Der natürliche Raum freien Gesangs nimmt zugleich die Züge eines sozialen Kontrastraums an und wird damit zu einem utopischen.

Erinnern wir uns des Strefon/Harsdörfferschen Liedes: Der Dichter bekennt sich zu seinem niedrigen Stand. Nicht tauschen möchte er sein Leben mit dem des Höflings. Dem Zwang bei Hof weicht er nur allzugerne aus. Ihm genügt der Anblick der schönen Natur, die er als Geschenk Gottes zu verehren weiß und der deshalb sein Gesang bevorzugt gilt. Hier sind Motive angeschlagen, die zum unumstößlichen Repertoire der Gattung gehören. Aber auch als vielbenutzte haben sie ihre Bedeutung keineswegs verloren. Im Gegenteil, gerade den vermeintlich geläufigen Formeln muß ihr geheimer Sinn mühsam entlockt werden. Denn die so häufig zu hörende Rede von der antihöfischen Tendenz der Schäferdichtung hilft uns ja gar nicht weiter. Wie wären die Schäfergedichte sonst gerade bei Hofe so beliebt gewesen und wieso konnten ihre Schöpfer ein ungetrübtes Verhältnis zu den Fürsten bewahren? War am Ende doch alles nur Spiel? Unverbindliches Arrangement hergebrachter poetischer Allgemeinplätze? Keineswegs – nur historisch exakt zu lesen gilt es.

Der größte, weil einfallsreichste und vielfältigste Schäferdichter des 17. Jahrhunderts war wiederum ein Mitglied des Nürnberger Hirten-

und Blumenordens, Sigmund von Birken.[59] 1621 geboren, wurde er noch als Kleinkind in die böhmische Katastrophe hineingezogen, als Tausende von Protestanten nach dem Sieg Maximilians II. von Bayern und Kaiser Ferdinands II. in der folgenschweren Schlacht am Weißen Berg bei Prag im November 1620 ihre Heimat verlassen und ihr Auskommen in der Fremde suchen mußten. Der Weg von Birkens Vater, der protestantischer Pfarrer in Eger gewesen war, führte in die Heimat seiner Frau nach Nürnberg. Der Dichter selbst ließ sich nach einem abgebrochenen Studium in Jena und nach Wanderjahren in Norddeutschland als freier Schriftsteller, rege beschäftigt zumal für die Höfe in Wolfenbüttel, Dresden, Bayreuth und Wien, gleichfalls in Nürnberg nieder. Nach Harsdörffers Tode übernahm er die Präsidentschaft des ‚Pegnesischen Blumenordens' und widmete der Ankurbelung des stagnierenden Vereins bis zu seinem eigenen Tode im Jahre 1681 viel Kraft.

Verwundert es noch, daß er über sein Leben und alle wichtigen Stationen ausführlich auch in seinen Dutzenden von Schäfergedichten erzählt? Zugleich aber nutzte er die Lizenzen, die diese Gattung wie keine andere der europäischen Literatur bot, um die gelehrten Dichter des Ordens, als Schäfer verkleidet, über alle die Zeit beherrschenden Fragen diskutieren zu lassen. Wir wollen uns in zwei der ungezählten Gespräche einschalten und hören, ob sie uns eine Antwort auf unsere Fragen geben. Eben ist der junge Dichter von seiner norddeutschen Exkursion nach Nürnberg zurückgekehrt, da wagt er sich in einem Schäfergedicht zu Ehren eines ratsherrlichen Gönners in Lüneburg auch schon an einen der heißen Diskurse seiner Zeit, an die Frage nach der wahren Natur und den unabdingbaren Voraussetzungen des Adelsstandes – eine ‚schwere Frage', wie er sogleich gesteht, aber auch und mehr noch eine prekäre, die man besser im Schutze der schäferlichen Maske traktiert ...[60] (Abb. 18)

Dreierlei Formen des Adels unterscheidet der Dichter, der in seinen Schäfergedichten unter seinem Hirtennamen Floridan agiert:

> Der erste war der erworbene/ oder der Adel des Gemüts/ mit dessen Besitzer die hoheit seines Stammes sich angefangen. Der andre/ war der angeborne/ oder der Adel des Geblütes und Gemütes zugleich: da beydes/ die Hoheit und die Tugend des Stammvaters/ in dem Sohne sich eräugte. Der dritte war der bloße angeerbte/ oder der Adel des Geblüts: da zwar die Hoheit der Vorfahren dem Sohne nachgeblieben/ ihre Tugend aber in seinem verartetem Gemüt ganz erstorben und verloschen ware.[61]

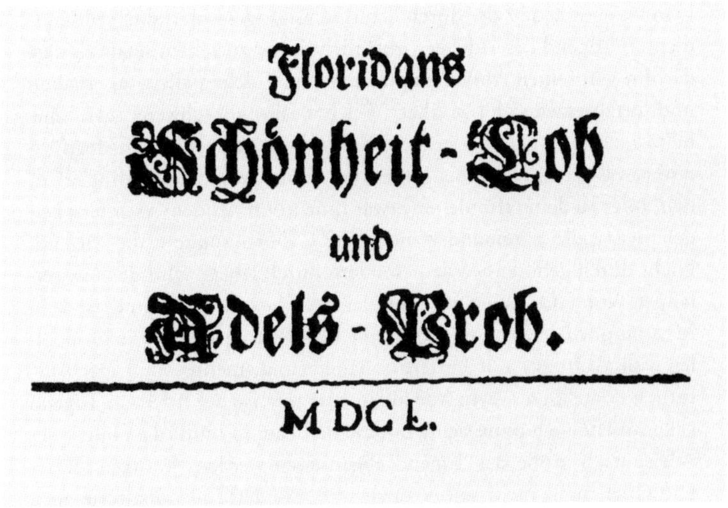

**Floridans
Schönheit-Lob
und
Adels-Prob.**

M DC L.

Abb. 18: Sigmund von Birkens ‚Schönheit-Lob' in der ‚Pegnesis'

Diese letzte Form des Adels ist in Wahrheit gar keine. Adel kann sich nicht auf Herkommen gründen, sondern muß mit persönlichem Verdienst verbunden sein.

> Wann die Verdienste Edel machen/ so ist allein der Edel/ dessen sie sind. Eines andern Klarheit/ machet keinen Durchleuchtig. Den Baumglotz entschuldigt auch nicht/ daß er einmal grün und fruchtbringend gewesen. Was vor dir dewestn/ ist nicht dein/ du machest es dann dein eigen. Bist du eines Edlen Sohn: thue auch eines Edlen Thaten/ so wirst du seyn/ was der gewesen ist.[62]

Doch Birken treibt die Argumentation noch einen Schritt weiter. Die höchste Form des Adels scheint die zu sein, in der Geburt und Verdienst, ‚Stand und Verstand', wie es in einem Wortspiel der Zeit heißt, zusammentreffen. Doch dann wären automatisch die aus dem Bürgertum kommenden Gelehrten, die keine adligen Vorfahren nachweisen können, benachteiligt. Deshalb muß es im Interesse auch der nichtadligen Dichter liegen, diese herrschende Anschauung ihrer Zeit in Frage zu stellen und womöglich durch eine angemessenere zu ersetzen. Genau dazu schickt sich Birken in Übereinstimmung mit zahlreichen seiner humanistischen Vorgänger und Zeitgenossen an.

Dann wie solte der/ der durch behuf selbst-angemaster (d.h. selbstverdienter) Tugend den Adel erwirbt/ nicht Edler zu achten seyn/ als der/ der ihn von seinen Ahnen empfangen/ und solchen allein zu erhalten und fortzusetzen sich bemühet? Welches solte wol schwerer seyn/ eine hohe Sache anfangen/ oder dieselbe also/ wie sie angefangen/ fortführen? etwas grosses erwerben/ oder erworbenes erhalten? ein ding erfinden/ oder zu dem erfundenen etwas hinzuthun? Zudem so unterscheidet uns ja alle miteinander/ nicht die Geburt/ sondern die Tugend. Nicht durch geboren werden/ sondern durch leben/ wird der Adel erlanget. Vor GOtt sind wir alle gleiches Herkommens/ und ist kein Mensch unedel/ wann er nicht seine Edle Ankunft/ die/ wie unser aller/ von GOtt ist/ mit Lastern schändet und unehret. [...] Der Ausspruch könte dieser seyn: weil allein und anfangs der Adel von Tugend gekommen/ auch ohne sie nicht bestehen kan: so muß/ die Hoheit des Adels/ nach größe der Tugend abgemessen werden. Je tugendhafter nun einer ist/ je mehr soll er Edel/ und also der Tugendhafteste auch der aller-Edelste heißen. Erkaufter Adel ist nicht wehrt/ hierbey eingeführt zu werden. Wann Reichtum Edel machte/ würde mancher Stänker/ Räuber/ oder ungeschliffener Bauer/ einem dapfern Mann/ der Land und Leuten nützet/ vorzuziehen seyn?[63]

So weit der junge sich erhitzende Redner Floridan alias Sigmund von Birken. Harsdörffer, der Gesprächspartner, sieht sich denn doch genötigt, den allzuweit sich vorwagenden Dichter an die Realität zu erinnern. Für eine solche Argumentation hätte man bestenfalls die Weisheitskundigen, gewiß aber nicht die kaiserlichen Räte auf seiner Seite, die peinlich auf die Einhaltung der ausgeklügelten Rangordnungen im Reich wachten. Aber auch da ist Floridan nicht um eine Antwort verlegen:

> Ich weiß es gar wol/ (versezte Floridan) und hätte vielleicht anders hiervon geredet/ wann wir auf den Rathaus wären/ sowol als wir hier im Felde stehen/ da wir so wenig Zoll von Worten geben/ als an andern Orten von Gedanken.[64]

Genau darum geht es. Auf dem Felde und also in der Gattung des Schäfergedichts sind Dinge zu sagen möglich, die auf dem Rathaus im ungeschützten Raum der Politik ungesagt bleiben müssen. Eben das ist die Chance der Dichtung, daß sie – entlastet von den Zwängen der Wirklichkeit – Alternativen entwerfen kann, die ihrer Zeit weit voraus sein mögen. Und wo vermöchten die nicht an der Spitze der Sozialpyramide stehenden Schichten wirkungsvoller zu Wort zu kommen als im Schäfergedicht? Der Schäfer rangierte am unteren Ende der Gesellschaftsordnung. Deshalb qualifizierte eine an den sozialen Hierarchien orientierte Poetik bis ins 18. Jahrhundert hinein das Schäfergedicht als niedere Gattung.

Zugleich aber verbarg sich, wie wir sahen, hinter dem Schäfer der Dichter und also der Gelehrte. So bot diese Gattung wie keine andere den Gelehrten die Möglichkeit, ihre Ansprüche auf soziale Reputation im Blick auf Hof und Fürstentum, im Blick auf den Geburtsadel und das reiche Großbürgertum, im Blick aber auch auf das mittlere zünftige Bürgertum verhüllt und zugleich in aller wünschenswerten Deutlichkeit vorzutragen.

Zwischen diesen Ständen waren die Gelehrten in wechselnder, nicht völlig eindeutiger Position angesiedelt.[65] In den modernen, in der Renaissance sich herausformenden National- bzw. Territorialstaaten war ihr Sachverstand gefragt, und die Fürsten bedienten sich insbesondere der gelehrten Juristen bei der Ersetzung bzw. Ergänzung der herkömmlichen feudalen Rechtsformen durch moderne, auf römische Elemente zurückgreifende. Im führenden Nationalstaat der Moderne, in Frankreich, waren die Juristen zu einer mächtigen gesellschaftlichen Formation aufgestiegen, hatten den Adelstitel von Amts wegen erworben und im sogenannten ‚Parlament' eine respektable Institution zur Wahrnehmung ihrer Interessen gefunden.[66] Aber auch die Städte waren zur Behauptung ihrer Selbständigkeit gegenüber den Territorialstaaten, für ihre diplomatischen Aktionen, für die Regulierung ihrer komplizierten Sozialverhältnisse auf die Gelehrten angewiesen. So wie der moderne Amtsadel in einem geheimen Ringen mit dem herkömmlichen Geburtsadel lag, so die moderne Gelehrtenschaft mit dem privilegierten und vielfach geadelten Patriziat. Und wie die Gelehrten sich von ererbten Vorrechten des Geblütadels und des reichen Großbürgertums abzusetzen hatten, so von den Denk- und Verhaltensweisen des stagnierenden, in überkommenen Anschauungen verharrenden Zunftbürgertums.[67]

Birkens zitiertes Schäfergedicht ist eines von vielen Dokumenten aus dem gelehrten Raum, in dem der Anspruch des Tüchtigen, das heißt des sachverständigen, kompetenten, aufs Studium der Dinge pochenden Menschen gegenüber dem einzig auf sein Herkommen, seinen Stand, seinen Reichtum verweisenden geltend gemacht wird. Darum brauchten diese Äußerungen bei Hofe nicht auf Kritik zu stoßen, trafen sie sich doch mit dem Interesse der Fürsten an qualifizierten Beratern und Amtsträgern, am tapferen Mann, ‚der Land und Leuten nützet', wie Birken gesagt hatte, und dies unabhängig von Rang und Stand.

In diesem Sinne ist der heitere schöne Naturraum in der schäferlich-arkadischen Dichtung mehr als ein Ort ungestörten Gesangs und mußevoller Anschauung der lieblichen, den paradiesischen Zauber immer noch verströmenden Natur. Er ist als Naturraum zugleich der Ort naturrechtlichen Denkens und Argumentierens. Sind alle Menschen im Ursprung gleich, dann dürfen gesellschaftliche Hierarchien im Prinzip nur auf Leistungen, nicht aber auf herkömmlichen Übereinkünften beruhen. Und so zeigt sich denn, was die sogenannte Barockforschung zumeist ungern wahrhaben möchte und was doch auf der Hand liegt: Diese gelehrten Sprecher, denen wir in Gestalt Birkens das Wort liehen, sie artikulieren auf ihre Weise die Ansprüche des gelehrten Bürgertums und in gewissem Grade auch des Fürstentums gegenüber den hergebrachten Mächten der altadligen Gesellschaft Europas.

Daß sie die Macht des Geldes und nicht nur die Macht des Geblüts geißeln, besagt gar nichts, ging es ihnen doch gerade darum, die schöpferischen, umgestaltenden Kräfte des Geistes herauszustreichen und die Bauformen der Gesellschaft nach Kriterien der ‚ratio', nicht aber der ‚traditio' zu organisieren. So hat die Schäferdichtung in den Händen der Humanisten auf ihre Weise an der Bildungsgeschichte der modernen Gesellschaft mitgewirkt, indem sie den schäferlichen Raum gleichermaßen zum utopischen Ort seliger Naturanschauung wie sozialer Emanzipation der Vernünftigen erhob. Die Aufklärung ist ohne diese humanistische Vorarbeit undenkbar.

Die Konsequenzen aus dem hier Entwickelten? Wir wollen sie an einem einzigen aktuellen Beispiel studieren, der Emanzipation der Frau. Die arkadische Dichtung in ihrem Repräsentanten Sigmund von Birken läßt uns auch hier nicht im Stich.

VI

Emanzipation des weiblichen Geschlechts

Der ‚Pegnesische Blumenorden' war – wie die ‚Teutschgesinnete Genossenschaft' Philipp von Zesens in Hamburg – stolz auf seine weiblichen Mitglieder.⁶⁸ Es gehörte zur Aufnahmepolitik Birkens wie Zesens, weibliche Talente zu protegieren. Zwar gelang es nicht, die größte Dichterin des Jahrhunderts, Catharina von Greiffenberg, eng befreundet mit Birken, für den Orden zu gewinnen, doch in anderen Fällen vermochte der rührige Ordenspräsident sich durchzusetzen. Niemand kennt heute mehr den Namen Maria Catharina Stockfleths, Gattin des Superintendenten und späteren Oberhofpredigers Heinrich Arnold Stockfleth.⁶⁹ (Abb. 19) Doch zu ihrer Zeit galt ihr Name etwas, hatte sie doch zusammen mit ihrem Mann einen großen zweibändigen Schäferroman vorgelegt – das aufwendigste Werk, das in dieser Gattung im deutschen 17. Jahrhundert zustandekam.⁷⁰ Die Pegnesen hatten Grund zum Stolz, und der Präsident Birken sorgte dafür, daß die Huldigung in Gestalt eines Schäfergedichts zustandekam, ‚Fürtrefflichkeit des Lieblöblichen Frauenzimmers' nannte er es.⁷¹ Unser Interesse darf die kleine Schäferei noch heute beanspruchen, weil sie uns einen lebhaften Einblick in die damalige Debatte um die Gleichberechtigung der Frau vermittelt.⁷² Wieder ist's die Bibel, die die entscheidenden Stichwörter liefert. Dorilis heißt die Romanschreiberin im Blumenorden, Dorus ist ihr Mann, Floridan kennen wir schon und die übrigen am regen Gespräch sich beteiligenden Schäfer brauchen wir hier nicht zu identifizieren.

Das Liecht/ (sagte Ferrando/) ist die Schönheit der Sonne. Unsre lob= und liebwürdigste Schäferinnen/ glänzen nicht allein von äuserlicher Schönheit des Leibes/ sondern auch Tugend leuchtet aus ihrem Herzen/ und Weißheit aus der Seele/ wie wir an ihren Sitten und Reden/ als an den Stralen/ erkennen: warum solten sie dann nit Sonnen heisen? Es hat uns auch der grosse Welt-Erlöser versprochen/ daß wir/ wann wir in Gesellschaft der Gerechten uns finden lassen/ dorten in der Ewigkeit wie die Sonne leuchten sollen: solte man dan nicht mit

Abb. 19: Maria Catharina Stockfleth als Schäferin Dorilis

diesem Namen ehren/ die schon auf Erden von Fürtrefflichkeit leuchten?⁷³

Natürlich gebietet weibliche Bescheidenheit, dagegen energisch zu protestieren:

> So werden wir euch/ (erwiederte Dorilis/) weit billiger/ Föben nennen müssen; weil unsere wenige Wissenschaft gegen der eueren/ als der Mond gegen der Sonne ist; weil wir auch solche/ wie der Mond sein Liecht von der Sonne/ von eueren gelehrten Schriften entlehnen und daraus lernen müssen.⁷⁴

Aber da ist der Ehemann zur Stelle und bekräftigt:

> Der Wahn und die Männliche Tyranney/ (sagte Dorus/) hat so eine Gewonheit eingeführt. Aber die Warheit bezeuget durch die Erfahrung/ daß Weibliche Hände/ wann sie zur Feder greifen/ ja so schön schreiben/ als sie sind; und daß wir kaum Sternen sind/ wann der Verstand dieser Sonnen aus dem Himmel eines von ihnen verfasseten Buchs hervorleuchtet. Und ein solches kan vor andern bezeugen die Hochfürtreffliche Nymfe/ […].⁷⁵

Das ist entscheidend. Argumente hin und her – Dorilis hat durch ihren großen Roman bewiesen, daß die Rede von der Untauglichkeit der Frau in geistig-künstlerischen Dingen ins Reich der Fabel gehört. Wie nimmt sich ihr Wesen in den Augen ihres berühmten Zeitgenossen und Präsidenten Sigmund von Birken aus?

> Diese Nymfe/ (sagte Floridan/) ist wohl freylich ein Spiegel Weiblicher Fürtrefflichkeit/ und ein Wunder unserer Zeit: der Augenschein/ würde euch alle dieses mein Urtheil bestättigen machen. Da sonsten die Gegenwart den Ruhm mindert/ so wird solcher durch die ihrige vermehret: indem man sie trefflicher findet/ als das Gerüchte Sie gebildet. Die Schönheit und Holdseeligkeit/ wiewol sie in diesem Stück wenig ihres gleichen hat/ ist ihr geringster Ruhm: weil solche durch ihres Geistes Schönheit/ wie der Mond von der Sonne/ überglänzet wird. In ihren Sitten/ ist nichts als Adel: und welches das seltsamste/ ohne alle Eitelkeit. Ihr Gedächtnis/ von der Vielbelesenheit erfüllet/ und mit dem reifsten Urtheil alles mal vergesellschaftet/ machet sie höchstredseelig. Ihr Verstand/ sihet allen Sachen auf den Grund/ und setzet sein Aug in den Mittedupf/ alle Umstände auf einmal zu überschauen. Aber diß alles sind Sandkörnlein/ ge-

gen den Berg ihres ganz in GOtt gesetzten Gemütes: deme Sie/ in reinester Unschuld der Gedanken/ mit feuriger Liebe zulohet/ und zugleich mit einem wunderthätigen Glauben anhanget.[76]

Bemerken wir schon, in welche Richtung die Diskussion sich bewegen wird? Ist Dorilis, die illustre Dichterin, nicht der lebendige Beweis für die Richtigkeit der humanistischen These vom wahren Adel? Dieser ist nicht nur unabhängig von Stand und Besitz, sondern auch vom Geschlecht. So schön und holdselig Catharina wirken mag – und Birken hatte einen Blick für schöne Frauen – bemerkenswert bleibt doch, was diese Frau aus sich zu machen wußte, vielbelesen ist sie – ihr Roman beweist es -, hat einen urteilsfähigen Verstand und ein gottgläubiges Gemüt. Im Besitz dieser Werte vermag sie es mit jedermann, gleich welchen Rangs und Geschlechts, aufzunehmen. Und so bleibt es dem Präsidenten selbst vorbehalten, ein erstes Fazit zu ziehen und theologisch zu untermauern,

> daß das weibliche Geschlecht nit minder/ als das Männliche/ mit Verstand und Tugendfähigkeit begabet/ ja daß es diesem an Fürtrefflichkeit noch überlegen sey. Vom letzern erstlich zu sagen/ so wird angeführt/ daß das Erste Weib/ nicht wie Adam aus einem schlechten Erdklumpen/ sondern in dem von GOtt selbst gepflanzten Eden= oder Wollust-Garten/ und aus dem Manne/ dem Ebenbilde GOttes/ erschaffen sey: weswegen ihnen/ vor dem Manne/ ein sonderbarer Geburt-Adel zukomme. So sey auch der Mann und alles vor ihr/ zu ihren diensten/ sie aber/ als das bäste und vollkommenste Werk des himlischen Werkmeisters/ als die edelste Creatur und Kron der Welt/ am lezten/ erschaffen worden.[77] (Abb. 20)

Man sieht, die Theologie war zu allen Zeiten gut, so oder so gehandhabt zu werden. Die Humanisten wußten, was sie an der Bibel hatten, wenn es um die Befreiung von Fesseln, die Beseitigung von Ungleichheit, die Rehabilitierung Diskriminierter ging. Und deshalb tun wir gut daran, die religiöse Fassung des Gedankens nicht automatisch als reaktionäre zu verwerfen, denn ihr war ja, wie auch unser Text zeigt, ein aufklärender, nach vorne weisender Sinn zu entlocken. Und das göttliche Gebot nach dem Sündenfall, daß die Frau dem Mann untergeben sei? Es wird reichlich kompensiert durch den komplementären Fluch des Mannes unter das eiserne Joch der Arbeit. Vor allem aber – und darin wird erneut der ins Zeitalter der Aufklärung weisende Duktus der Argumentation deutlich, wie er in dieser Offenheit eben nur im

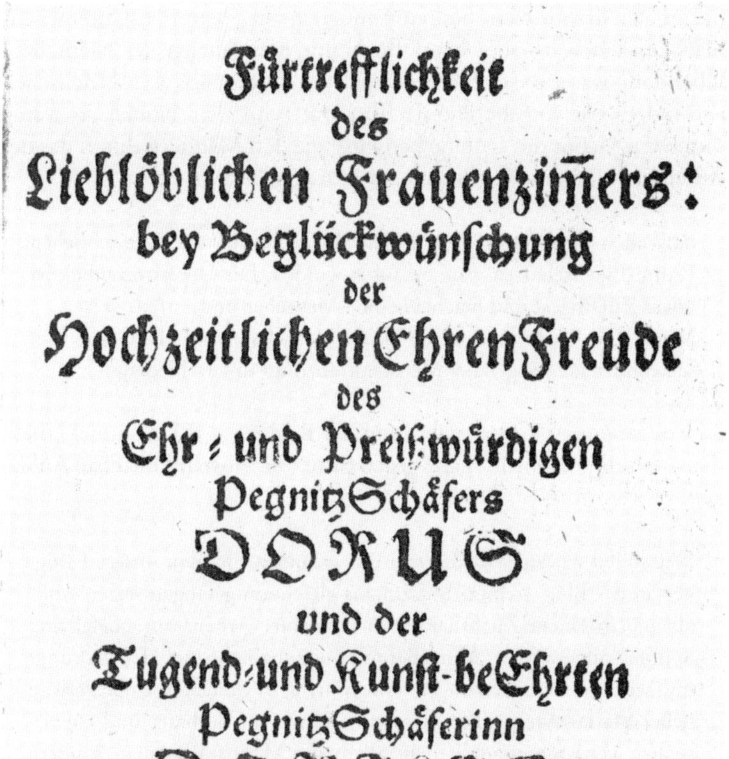

Fürtrefflichkeit
des
Lieblöblichen Frauenzimers:
bey Beglückwünschung
der
Hochzeitlichen EhrenFreude
des
Ehr- und Preißwürdigen
PegnitzSchäfers
DORUS
und der
Tugend- und Kunst-beEhrten
PegnitzSchäferinn
DORILIS/
in einem FrülingsGespräche
vorgestellet
von der
Pegnitz-Gesellschaft.

Bayreuth/ bey Johann Gebhard/
im 1669 Christ Jahr.

Abb. 20: Gelegenheitsschrift zur schäferlichen Hochzeit

fiktionalen arkadischen Freiraum möglich ist – betreffen Untergebenheits- und Arbeitsgebot bzw. -fluch nur Akzidenzien des Menschen. Über dem, was die Geschlechter trennt, steht das, was sie als Menschen verbindet. Die angeborene Trefflichkeit wird den Frauen so wenig durch das Gebot des Untergebenseins wie den Männern durch das der Arbeit genommen. Wäre es anders, würde gelten,

> daß auch der Mann/ durch den Arbeit-Fluch/ der Menschlichen Ruhm-Eigenschaften wäre beraubet worden. Die Unterworfenheit ist etwas Zufälliges/ und machet keinen Menschen anderst/ als er ist [...]. Mann und Weib/ sind beyde gleich Menschen/ und allein dem Geschlechte nach/ wegen der Menschpflanzung/ unterschieden.[78]

So weit so gut. Wie aber sieht es in der Realität aus? Da einmal erhebt die Gehuldigte, Dorilis, ganz gegen Sitte und Anstand bitterste Anklage:

> Wie solten wir zur Vollkommenheit gelangen/ da man unsere Fähigkeit in der Blüte sterbet/ uns zuhaus gleichsam gefangen setzet/ und/ als wie in einem Zuchthause/ zu schlechter Arbeit/ zur Nadel und Spindel/ angewöhnet? Man eilet mit uns zur Küche und Haushaltung/ und wird manche gezwungen/ eine Martha zu werden/ die doch etwan lieber Maria seyn möchte. Ja so gar sind wir zur Barbarey und Unwissenheit verdammet/ daß nicht allein die Manns=Personen/ sondern auch die meisten von unserem Geschlecht selber/ weil sie in der Eitelkeit und Unwissenheit verwildert sind/ uns verachten und verlachen/ wann eine und andere auf löbliche Wissenschaft sich befleissiget/ und nichtes auf Gelehrte Weibspersonen halten. Man gibt uns den Titel/ und will/ daß wir Tugendsam seyn: wie können wir es aber werden, wann man uns das Lesen der Bücher verbietet/ aus welchen die Tugend muß erlernet werden? Soll uns dann dieselbe/ wie die gebratene Tauben in Utopien/ aus der Luft zufliegen? Auf Verstand-übung und Tugend-erkentnis/ folgen vernünftige tugendhafte Werke. Und warum verlachet manches Alberes Weib ihren Mann/ seine Bücher und seine vernünftige Vermahnungen? geschihet es nicht darum/ weil sie nichts weiß oder verstehet? weil sie von der Verstand- und Tugend-Lehre ausgeschlossen worden? warüm müssen wir also in einer aufgedrungenen Unwissenheit verderben/ und den Namen der Einfalt ohne Schuld erdulten? Sind wir dann nicht sowol Menschen/ als die Männer? Nun ist/ der Verstand und die Rede/ des Menschen Eigenschaft/ die ihn von den unvernünftigen Thieren unterscheidet: warüm sollen wir dann

unsern Verstand nit ausüben dörfen? Und wovon sollen wir nutzlich reden/ wann man uns verbietet/ etwas zu lernen? Sollen wir dann geringer seyn/ als Hunde/ Pferde/ Elefanten/ Fabianen/ Affen/ Meerkatzen/ Papegoyen und andere verstandlose Thiere/ denen man allerley Künste lehret/ und sie zum Reden angewöhnet?[79]

Eine von Bitterkeit durchsetzte Rede, wie man hört, geeignet, über die Zeiten hinweg die Verfechter der Frauen-Emanzipation mit Munition zu versorgen, die denn auch gut daran tun, die bewegende Geschichte dieser Argumente über die Aufklärung hinweg ins Zeitalter des bürgerlichen Humanismus hinein zu verfolgen. Im Falle der Dorilis haben die gelehrten Hirten-Dichter leichtes Spiel, beschwichtigend einzugreifen. Sie selbst, die eifernde Fürsprecherin der geknechteten und unterdrückten Frau, hat durch ihr Werk ja bewiesen, zu welch edlen Taten das weibliche Geschlecht fähig ist. So kehrt auch dieses Schäfergedicht wie jedes gelungene Produkt der Gattung sein Doppelgesicht hervor: Heftige Kritik an dem unverantwortlichen Mißstand und Vorwegnahme des Zustands, wie er in Wahrheit sein sollte. Und das gleichermaßen im Medium des vernünftigen Gesprächs wie im Preis der schönen Gestalt, die alle erwünschten Attribute in sich vereint und damit unter Beweis stellt, daß sie nicht unverbindlicher Fabuliererei entsprangen, sondern lebendiger Anschauung.

Sind wir damit aber abgeraten von unserem arkadischen Pfad. Keineswegs! Was wir begreifen müssen (ohne daß uns die Literatur- und Kulturwissenschaften dafür bislang Hilfe böten) ist, daß die deutschen Dichtervereinigungen des 17. Jahrhunderts hier an der Pegnitz und anderwärts wie ihre Vorgängerinnen, die Akademien des europäischen Humanismus in Italien, den Versuch implizieren, die in der arkadischen Dichtung entworfenen Projekte wahren, nämlich nur auf Verdienst und Tugend beruhenden menschlichen Adels in die organisatorische und institutionelle Praxis der Gelehrten-Sozietät umzusetzen. Welche Satzung, welche programmatische Verlautbarung man auch aufschlägt – immer wird man darauf stoßen, daß die Mitglieder dieser sogenannten Sprachgesellschaften auf Kunstfertigkeit, auf Wissen, auf Verstand auf der einen Seite, auf Integrität, Moralität, religiöse Toleranz auf der anderen Seite verpflichtet werden. Idealiter soll ein jeder unabhängig von Stand und Rang Zugang haben, der diesen Kriterien genügt.[80]

Daß es in Wirklichkeit vielfach anders aussah, besagt gegen die Richtigkeit des Konzepts so wenig wie seit je in der Geschichte der abendländischen Sozialutopie bis hin zu ihrer letzten Ausprägung im

Sozialismus. Wenn Fürsten und Staatsmänner, Adlige und Gelehrte auf deutschem Boden in der bedeutendsten Gesellschaft des 17. Jahrhunderts, der ‚Fruchtbringenden Gesellschaft', sich unter gemeinsame politische, religiöse und künstlerische Ziele stellten, ihre Rangunterschiede ausdrücklich hintangestellt wissen wollten, um der einen gemeinsamen nationalen Sache zu dienen, dann ahnen wir, daß hier inmitten festgefügter realer Ständeordnungen ganz behutsam Gegenmodelle probiert werden, in denen der Gedanke der Gleichheit sich regt und zumindest in der Oberschicht, zumal im Bündnis zwischen Fürsten und Gelehrten, praktiziert wird.

Und haben wir nicht auch allen Anlaß, uns des wackeren Einsatzes der Hirten an der Pegnitz für die wohlbegründeten Rechte der Frau zu erinnern? Bildete ihre aktive Teilnahme am Orden nicht das schönste Siegel auf die im Schäfergewand durchgespielte Umkehrung der ständischen Hierarchien: Der de facto Rangniedrige in Wahrheit der Ranghöchste, sofern nur die wahren, auf Tugend und Vernunft allein gründenden Kriterien akzeptiert würden und Geltung gewännen? So sind uns die Sprach- und Dichtergesellschaften, so häufig mißverstanden, die eindrucksvolle Probe aufs Exempel der in der Schäferdichtung entworfenen arkadischen Welt: In ihr sind stets beide Aspekte integriert, der hegende, ja ehrfürchtige Umgang mit der außermenschlichen Natur, die verkümmert, wo sie nur menschlichen Zwecken unterworfen wird, und der Entwurf natürlicher, den Kriterien der Vernunft gehorchender menschlicher Lebensordnungen, in denen das nur Zufällig-Gewordene ersetzt ist durch das Bewußt-Gegründete – und was hieße das anderes als das allen Zugutekommende?

Versteht man deshalb, weshalb wir so hartnäckig beharren auf der Einübung im genauen historischen Lesen? Weswegen wir uns zur Wehr setzen gegen die Maxime der Selbsterfahrung im Umgang mit dichterischen Texten und anderweitigen geschichtlichen Dokumenten und sie nicht zum beliebigen Objekt seelischer Stimulation degradieren möchten? Richtig, und das heißt in ihrer geschichtlichen Konfiguration gelesen, geben sie uns ihr Aktuelles frei, indem sie sich einreihen in die Geschichte der Befreiung der Menschen von unbefragten, undurchschauten, ungeziemenden Mächten, die als von Menschen gemachte und verantwortete doch allemal von ihnen zu korrigierende bleiben. Diese hilfreichen Zeugen aufzuspüren, der Vergessenheit zu entreißen und uns ihrer Stimme im aktuellen Kampf gegen das schlechte Hergebrachte zu versichern, bleibt das vornehmste Geschäft des Historikers, der sich allemal als Anwalt des Fortschritts, des historisch Fälligen begriff, solange er seines Handwerks Herr war.

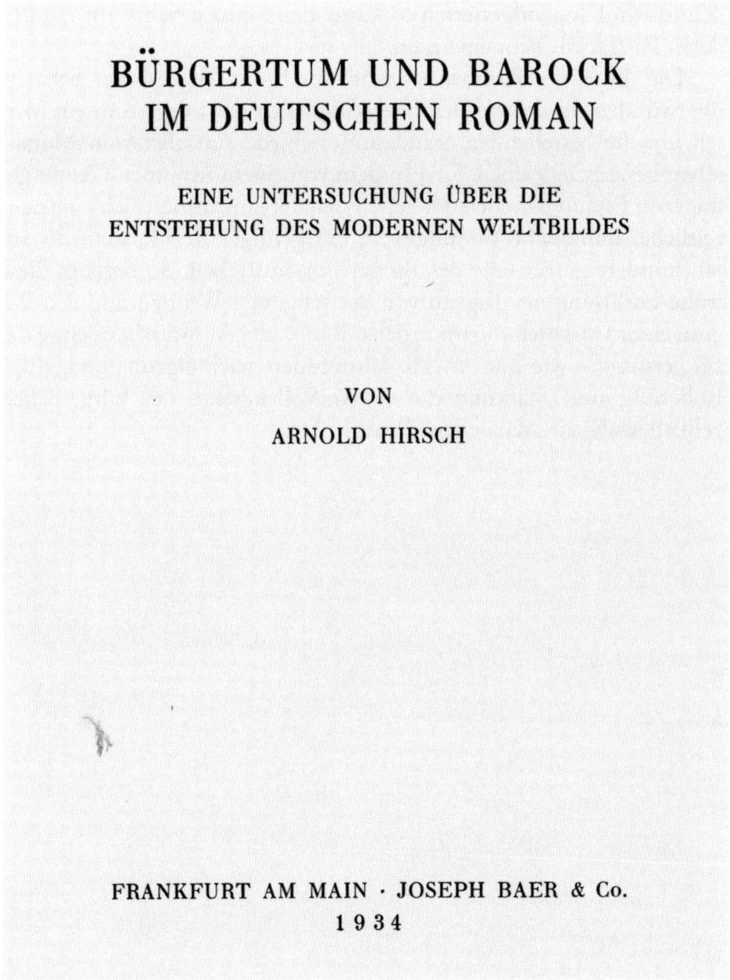

BÜRGERTUM UND BAROCK IM DEUTSCHEN ROMAN

EINE UNTERSUCHUNG ÜBER DIE ENTSTEHUNG DES MODERNEN WELTBILDES

VON

ARNOLD HIRSCH

FRANKFURT AM MAIN · JOSEPH BAER & Co.
1934

Abb. 21: Habilitationsschrift von Arnold Hirsch

Auf diesem Wege aber erinnern wir uns dankbar der Vorgänger, aus deren Hand wir die Stafette übernehmen. Gleich nach dem Machtantritt Hitlers mußte einer unserer großen jüdischen Literatursoziologen, mußte Arnold Hirsch das Land verlassen. Geben wir ihm das letzte Wort über den ‚Pegnesischen Hirten- und Blumenorden', von dem wir damit Abschied nehmen. Hirsch verdanken wir die Entdeckung der

‚Kunst- und Tugendgezierten Macarie' der schönen Schäferin Dorilis, deren Porträt wir kennenlernten:

„Die ‚Ehre' des Hofmannes wird durch die ‚Tugend' des Schäfers überwunden. In diesem Begriff erschafft sich das Bürgertum ein Mittel, um die bestehenden Standesunterschiede zunächst vom Moralischen her auszugleichen. [...] In dem von einem frommen Gemüt getragenen Bildungsstreben der Pegnitzschäfer konstituiert sich eine neuzeitliche, moralische Bildungswelt, ein geistiger Bezirk, dem im 18. Jahrhundert große Teile des Bürgertums zustreben. So bezeugt diese frühe Loslösung der Tugend von der religiösen Weltdeutung den Beginn einer Verschiebung im sozialen Raum, der Aufwärtsbewegung des Bürgertums – wie ihre im 18. Jahrhundert nachfolgende endgültige Isolierung und Stärkung die ersten Vollzugsakte des bürgerlichen Selbstbewußtseins darstellen".[81] (Abb. 21)

VII

Höfisches Arkadien

Bevor wir nun zum Zeitalter der Aufklärung übergehen, in dem die Geschichte der alteuropäischen Arkadiendichtung zum Abschluß gelangt, müssen wir noch einen Blick auf die höfische Arkadien-Konzeption werfen. Sie wird zwar vielfach von den Humanisten mit entworfen, die im Umkreis der Höfe ihre wichtigste Wirkungsstätte fanden. Und doch unterscheidet sie sich auf charakteristische Weise von der genuin bürgerlich-gelehrten Ausprägung der Arkadien-Utopie. Auf diese minimale Differenz kommt es an. Wieder ist es die Schäferdichtung, in der sich auch die höfische Arkadien-Vision am reinsten ausprägt.

Aber schon der Gattungs-Wechsel ist charakteristisch. Die auf die Humanisten zugeschnittene Gattung war die Ekloge, wie sie Vergil ausgebildet hatte und Dante, Petrarca und Boccaccio aufgenommen und weiterentwickelt hatten. Denn sie bot – gerade in ihrer erweiterten Prosaform – den vielseitig interessierten gelehrten Dichtern die Möglichkeit, ein jedes Thema aus dem Wissenskosmos der Zeit aufzugreifen und insbesondere – wie durch Vergil vorgegeben – das Selbstverständnis von Dichter und Dichtung in immer neuen Modulationen zu umkreisen. Darüber hinaus erfreute sich die erotische lyrische Pastorale, wie sie Theokrit und Vergil gleichfalls schon ausgeprägt hatten, großer Beliebtheit. Und schließlich vollzogen die Humanisten gerne den Wechsel vom Schäfer und Hirten zum Landmann und Bauern und übten sich im Preis ländlichen einsamen Lebens fernab von den Geschäften bei Hof und in der Stadt, wie sie es sich für ihre gelehrten Studien lebhaft ersehnten. Hier war Horaz mit seiner in ganz Europa bekannten Landlebendichtung vorangegangen.[82]

Wechseln wir nun vom humanistischen ins höfische Milieu hinüber, so bemerken wir als erstes einen vielsagenden Gattungstausch. Die Humanisten liebten die pastoralen Kleinformen; an den Höfen vollzieht sich die Ausbildung der pastoralen Großformen: des höfischen pastoralen Fürstenspiegels, des höfischen Schäferromans und des höfischen Schäferdramas bzw. der Schäferoper. Wir müssen uns klarmachen, was dieser Paradigmenwechsel für die Zeitgenossen in der Renaissance und im Barock bedeutete. Es gab nur einen einzigen Schäferroman der Antike, die aus dem Hellenismus stammende schäferliche Erzählung ‚Daphnis und Chloe' von Longos.[83] (Abb. 22) Eine Fürstenhuldigung im pastoralen Gewande oder gar ein Schäferspiel kannte die Antike nicht. So erfüllte es die Produzenten dieser neuen Literaturformen mit unverhohlenem Stolz, daß sie Schöpfungen aufzuweisen hatten, die kein Vorbild in der Antike besaßen. Überall im Umkreis der klassizistischen Gattungen war man Schüler der Antike und zumal Roms; hier im höfischen Metier der Pastorale bewegte man sich selbständig und zunehmend selbstsicher.

Die neuen Zeiten, so verkündete man stolz, standen den alten nicht nach, ja übertrafen sie vielleicht sogar. Darum gehört die Geschichte dieser pastoralen Neuschöpfungen in der Renaissance zu den faszinierenden Kapiteln der frühneuzeitlichen Kulturgeschichte, zu dem jedes Land seinen unverwechselbaren Beitrag leistete und an dem sich die Größten beteiligten: Tasso und Guarini in Italien, Montemayor, Cervantes und Lope de Vega in Spanien, Ronsard und d'Urfé in Frankreich, Spenser, Sidney und Shakespeare in England, Hooft und Vondel in den Niederlanden.

Nur Deutschland, in der humanistischen gelehrten Produktion so rege und erfinderisch, blieb eine ebenbürtige höfische Pastorale versagt. Man imitierte, übersetzte, variierte die großen Vorbilder, ohne seinerseits zugkräftige eigene Muster zu entwickeln. Es fehlte der nationale Hof, der die schöpferischen Geister hätte vereinigen und anspornen können. Wo aber ein eigner Ton, ein eigner Stil, ein eignes Thema vernehmbar werden, da bezeichnenderweise in abseitigen, vom höfischen Leben kaum berührten kleinen Erzählungen, deren intimer Reiz dem höfischen Ritual so denkwürdig kontrastiert. Das ist das Schicksal des liebenswerten deutschen Schäferromans, der heute wie seine Verfasser vergessen ist.[84]

Wir können an dieser Stelle nichts tun, um ihn dem Vergessen zu entreißen, können überhaupt die strahlende höfische Pastoralszene Europas nicht betreten, um den Gang unserer Betrachtung nicht zu unterbrechen, und verweilen, wie bislang stets, bei einem einzigen Beispiel. Es entstammt dem Land, in dem Ursprung und Vollendung der höfischen Pastorale zugleich statthat: Italien. In Italien, das den höfischen Schäferroman nicht kennt, vollzog sich der Übergang von der dramatisierten Ekloge zum höfischen Schäferspiel, und hier kam nach weniger als einem halben Jahrhundert das europäische Meisterwerk zustande, Tassos ‚Aminta'.[85] 1573 wurde es vor dem Hof Ferraras, an dem Tasso lebte, auf der Po-Insel Belvedere, aufgeführt. (Abb. 23)

HÖFISCHES ARKADIEN

Abb. 22: Illustration zum Hirtenroman ‚Daphnis und Chloë'

Abb. 23: Illustration zu Tassos Schäferdrama ‚Aminta'

Der Inhalt des reizenden Werkes ist rasch erzählt. Silvia, die spröde und in der Liebe unerfahrene Nymphe, verachtet die Macht Amors und hat sich statt dessen dem Dienst der Göttin Diana geweiht. Die glühende Liebe des Hirten Aminta erwidert sie nicht. Und wie sie die Aufforderung ihrer erfahrenen Gefährtin Dafne verspottet, sich nicht länger zu sträuben, so weigert sich der schüchterne Aminta, der Aufforderung seines Freundes Tirsi zu entschlossener Eroberung Folge zu leisten. Er befreit die nackte Silvia aus den Händen des lüsternen Satyrs. Statt ihres Dankes erweckt er jedoch nur ihren Zorn. In äußerster Verzweiflung sucht er sich in den Tod zu stürzen. Erst die Nachricht seines vermeintlichen Todes erweicht das Herz der Schönen und veranlaßt sie zur Erwiderung der Neigung, so daß das Paar sich zum Schluß findet.

An dramatischen Effekten mangelt es dem Stück also nicht, und Tassos Nachfolger – an der Spitze sein Konkurrent Guarini in Mantua – werden die Spannung ihrer Zuschauer gehörig auf die Folter spannen. Am Schluß jedoch triumphiert stets die Liebe gegen alle Widerstände, und die Liebenden finden sich – genau wie im höfischen Roman – glücklich vereint. Eben in dieser Mittellage zwischen der Katastrophe in der Tragödie und dem heiteren Verwirrspiel der Komödie sahen die Theoretiker im Umkreis des Humanismus das Auszeichnende der modernen ‚Tragikomödie' des Schäferspiels.

Tasso nun hat zum Abschluß des ersten Aktes seinem Spiel einen Lobpreis auf das goldene Zeitalter eingefügt, das ja schon bei Vergil mit der arkadischen Landschaft sich verwob. Niemand unter den europäischen Pastoraldichtern, der diese berühmte Einlage nicht kannte, die nun gleichfalls immer wieder variiert und den Bedürfnissen und Wünschen der Zeit angepaßt wurde:

> O golden-schönes Alter,
> Nicht, weil von Milch die Flüsse
> Da flossen und der Honig troff von Wäldern,
> Ganz ohne Mühewalter
> Der Acker trug Genüsse
> Und giftlos strich die Schlange über Feldern;
> Nicht, weil nie Wolkendräuen
> Ein finstres Zelt bereitet,
> Nein – ewiges Erfreuen -
> Der Frühling sich in ständigem Erneuen
> Lachend vor Himmelsheiterkeit gebreitet,
> Auch kein fremder Besucher
> Krieg oder Waren brachte an das Ufer.
>
> Nur deshalb, weil der leere
> Gegenstandslose Namen,
> Der Götze falscher Meinungen und Trüge,
> Den Dummheit nennt die Ehre,
> Als andre Zeiten kamen,
> Und den man dem natürlichen Gefüge
> Zum Zwingherrn schuf, damals noch nicht geboten,
> Nicht mengte in das Leben
> Verliebter bittre Atzung,
> Noch nicht die harte Satzung
> Auf Seelen prägte, die zu freiem Weben
> Von der Natur bestellt -
> Weil da noch galt: Erlaubt ist, was gefällt.
>
> Da führten zwischen Bächen
> Und Blumen hübsche Reigen
> Die Amoretten ohne Feuerbrände,
> Da mischten in ihr Sprechen,

Gesellig unter Zweigen,
Nymphen und Hirten Flüstern, Spiel der Hände
Und Küsse ohne Ende;
Das Mädchen nackt und bar
Barg nicht der Rosen Füllen,
Die Schleier heut verhüllen,
Noch ihrer festen Brüste Apfelpaar;
Oft auch in blanken Seen
Konnte die Liebenden man baden sehen.

Du ließst zuvörderst, Ehre,
Den Freudenquell versiegen,
Verliebtem Durst verweigernd seine Füllen,
Du gabst dem Blick die Lehre,
Sich in sich rückzubiegen,
Vor andern eigne Schönheit zu verhüllen.
Du sammeltest in Netzen
Das Haar, sonst los im Freien,
Du schufst, daß Liebeleien
Abstoßen und entsetzen,
Und lehrtest Künstelei in Liebessätzen.
Nur dein Werk war es, Ehre,
Daß Diebstahl ward, was Amors Gabe wäre.

Ja, das sind deine Werke:
Nur Tränen, Jammern, Leiden!
Die du gar die Natur und Amor knechtest,
Ins Joch zwingst Königsstärke,
Was suchst du hier, auf Heiden,
Auf denen du umsonst um Herrschaft rechtest?
Am besten wärs, du brächtest
Unruhevollen Schlummer
Dem, der da viel bedeute,
Uns aber, kleine Leute,
Laß leben wie in Urzeit, frei von Kummer.
Laßt lieben uns, es lassen
Die Jahre Menschenleben bald verblassen.

Laßt lieben uns, die Sonne sinkt und hebt sich,
Uns glänzt nur kurz ihr Funkeln,
Bald hüllt uns ein die ew'ge Nacht mit Dunkeln.[86]

Das hatte es in der langen literarischen Geschichte des Goldenen Zeitalters nicht gegeben und sollte es nach Tasso nicht wieder geben: Alle verführerischen Reize der Urzeit, selbst der ewige Frühling, ja noch die Abwesenheit von Krieg und Warenhandel, verblaßten gegenüber dem einen, auf das hin Tasso die Antithese zwischen mythischer Urzeit und eigner Gegenwart zuspitzt: Das Fehlen der Ehre im goldenen Weltalter, die heute die Welt regiert. Die Ehre, ‚onore‘, ist sie nicht das vornehmste Attribut der höfischen Gesellschaft, dessen strikte Beachtung die Mitglieder der Hofgesellschaft von dem unzivilisierten unhöfischen Pöbel scheidet? Und nun ihre Verdammung vor eben dieser Hofgesellschaft durch den zur festlichen Erhöhung bestellten höfischen Dichter? Wie reimt beides sich zusammen?

Wir sagen nicht zu viel, wenn wir verraten, daß gelehrte Genügsamkeit diese Frage bislang nicht stellte und folglich das Rätsel auch nicht beantworten konnte. Wir sehen sogleich: Auch im höfischen Raum bewährt sich die Pastorale als Organon von Kritik. Sie, von den Theoretikern immer wieder als Naturform unter den Dichtgattungen eingestuft, hält der kunstvollen, von Anstand, Schicklichkeit, Etikette geleiteten höfischen Gesellschaft im Namen von Naturwahrheit ihr freies, zwangloses, ursprüngliches Gegenbild entgegen. Und diese akzeptiert die Lizenz offensichtlich nicht nur, nein, sie verlangt nach ihr, möchte im Gegenbild sich spiegeln, erkennen und erheben. Da scheint sich ein Begriff anzubieten, den die Zivilisationstheorie von Norbert Elias eben am Beispiel der höfischen Kultur prägte: Entlastung vom Zwang des höfischen Zeremoniells, wie sie die Hofgesellschaft so bitter nötig hat.[87]

Und doch ist damit nicht alles und vielleicht nicht einmal das Entscheidende gesagt. Wenn Tasso vor der feinen Gesellschaft Ferraras sein ‚Zurück zur Natur‘, zu den einfachen Freuden der Liebe ohne gesellschaftliche Sanktionen proklamiert und der Hof diese Parole goutiert, dann demonstriert er, daß er noch sein Gegenteil, Natur, zu integrieren und seinem umfassenden Kulturwillen zu assimilieren vermag. Die höfische Kultur, sie fungiert nicht nur, wie immer wieder zu hören, um die ‚grandeur‘ des Regenten herauszustreichen. Sie ist vor allem von dem Wunsch erfüllt, ‚Welt‘ in ihrer Totalität und also in ihrer mythischen wie in ihrer geschichtlichen und ihrer sozialen Dimension zu repräsentieren und im höfischen Fest zu verschmelzen.[88]

Daher die besondere Attraktion der Synthesis polarer Gegensätze – hier die königlich-fürstliche, dort die schäferlich-ländliche Welt. Wie häufig schlüpfen im höfischen Festwesen Alteuropas bis an die Schwelle der Revolutionen Regenten in Schäferkleider, mischt die vornehme

Aristokratie sich unter das Landvolk und erscheint verwandelt in den Bauernstand. Natürlich regt sich darin die Lust am Spiel, an der Maskerade, am momentanen Unterschlupf auf der Gegenseite des Lebens. Doch ahnen wir auch den Ernst im Spiel. Diese höfische Gesellschaft sehnt sich nicht nur nach Natur, gibt nicht einer natürlichen Regung momentan nach, sondern weiß ihr hochartifizielles System sozialer Interaktion noch mit dem Schein, dem Nimbus von Natur, zu umgeben.

Die Darstellung heiterer und nicht selten gewagter erotischer Szenen hat in der Hofkunst, ob in der Literatur, ob in der Malerei und ganz besonders gerne der pastoralen Oper ihr bevorzugtes Terrain besessen. Der Hof verfügte über die geprägtesten Kodifikationen gerade auch für den Umgang der Geschlechter miteinander. Da konnte er sich die Freiheit am ehesten nehmen, in der Kunst, im Fest, als Macht der Natur zu feiern, was in Wahrheit durch gesellschaftliche Satzung genau geregelt war.

Und natürlich will auch Tassos Preis der unreglementierten Liebesfreuden im goldenen Zeitalter nicht wörtlich genommen sein. Die spröden, weil die gesellschaftlichen Spielregeln der Liebe nicht beherrschenden Naturkinder Aminta und Silvia müssen von den erfahrenen, durch die Hofschule gegangenen Begleitern Dafne und Tirsi beraten und auf den rechten Weg gebracht werden, bevor Natur ihr Werk vollendet. Das arkadische Glück ist nur noch dem Erfahrenen erreichbar, und dem steht Skepsis, Melancholie, heitere Einsicht in die Macht, aber auch die Grenzen des Eros nur allzu gut zu Gesichte. Weil dem so ist, darf arkadisches Glück um so reiner und ungebrochener einen Moment heraufbeschworen und einer wissenden Hofgesellschaft in unvergänglicher Sprache als kostbares Gut überantwortet werden.

Im übrigen haben die höfischen Dichter selbst dafür Sorge getragen, daß keine Mißverständnisse aufkommen, keine falschen Begehrlichkeiten geweckt, keine übermäßigen Hoffnungen aufkeimen konnten. Das berühmteste Schäferdrama Europas, bis tief in das 18. Jahrhundert hinein immer wieder auf der Bühne vorgestellt, Guarinis ‚Pastor fido', der ‚treue Schäfer', ist eine Generation später ausdrücklich als Antwort und Zurückweisung Tassos konzipiert und vor den Gonzagas in Mantua zur Aufführung gebracht worden.[89] In Arkadien ist nicht erlaubt, was gefällt, aber auch nicht, wie später bei Goethe, im ‚Tasso', was sich ziemt, sondern was Gesetz und Tugend gebieten. (Abb. 24)

Der Schäfer wird schon bei Guarini auf der Wende vom 16. zum 17. Jahrhundert zum Inbild vorbildlicher Beständigkeit. Er schon nimmt jene Züge an, die uns dann aus dem maßgeblichen höfischen Schäferroman Europas, aus d'Urfés ‚Astrée' vertraut sind und der land-

Abb. 24: Illustration zu Guarinis Schäferdrama ‚Il pastor fido'

läufigen Vorstellung arkadischen Schäferglücks so sehr widersprechen.[90] Als Held weiß er sich wie die Heroen im höfischen Barockroman allen Versuchungen spontaner Liebe zu widersetzen und nur den Anforderungen der Vernunft zu folgen, die Treue, Bezähmung der Leidenschaften, Ausharren bei der einmal Erwählten befiehlt. Nimmt es da noch Wunder, daß auch diese Variante der arkadischen Pastorale bei Hofe Anklang fand, ja die nuanciertere und differenziertere Tassos in den Hintergrund drängte? Im Schäfer war das eiserne Gesetz der ‚constantia' verkörpert, auf das auch der Regent in den Stürmen der konfessionspolitischen Bürgerkriege von den Staatstheoretikern wie von den Dichtern festgelegt war.[91] So konnte der ‚getreue Schäfer', wie er im Deutschen hieß, seinen Siegeszug durch die europäischen Höfe antreten, der sich bis tief ins 18. Jahrhundert erstreckte.[92]

VIII

Aufklärung und Arkadien – empfindsam getönt

Wir neigen dazu, die Abfolge von Epochen nach dem schlichten Schema des Nacheinander uns vorzustellen. In Wahrheit ragen die überkommenen Kulturen tief in die Phasen der Formation neuer Denk- und Ausdrucksformen hinein. Apostrophieren wir das 18. Jahrhundert als das Zeitalter der Aufklärung, so vergessen wir allzu leicht, daß eben dieses Jahrhundert zumindest auf deutschem Boden nach den verheerenden Erschütterungen des Dreißigjährigen Krieges überhaupt erst die Blüte der höfischen Kultur in Architektur und Bildender Kunst, Theater und Ballet, Musik und Oper zeitigte.[93]

Die Literatur des gleichen Zeitraums, der wir den Titel Aufklärung zuerkennen, versteht man nur, wenn man ihre Produktionsbedingungen berücksichtigt. Sie entsteht in einem kulturellen Raum, der immer noch geprägt ist von den tonangebenden Höfen zwischen Dresden und Stuttgart, Berlin und Wien. Die gelesene oder gesprochene Literatur und zumal die deutschsprachige hat an diesen höfischen Zentren von Ausnahmen abgesehen so gut wie keinen Platz; sie muß sich ihr Publikum in den gebildeten Ständen erst mühsam und vielfach gegen den Widerstand der Höfe schaffen, behutsam die nichtgelehrten und bislang nicht lesenden Schichten für die Literatur gewinnen.[94]

Unsere arkadische Literatur bestätigt das aufs schönste. Kaum einer der ein halbes Hundert umfassenden Höfe im deutschen Sprachraum, der sich nicht auch der Pastoraloper geöffnet hätte, wie sie bis tief ins 18. Jahrhundert hinein gepflegt wurde – aber eben nur selten in der deutschen Sprache, sondern in der italienischen, gelegentlich der französischen.[95] Kaum eine der großen Hofbibliotheken, die nicht auch den höfischen Schäferroman bewahrt hätte, aber eben den spanischen oder den französischen, gelegentlich den englischen, aber kaum jemals den deutschen – und wenn, dann in Form von Übersetzungen der musterbildenden Stücke aus der Romania. (Abb. 25)

Abb. 25: Szene einer Aufführung des Hirtenspiels ‚Ninfa ritrosa'

Gegen diese höfische Übermacht mußte die deutsche Literatur in einem Jahrzehnte währenden Prozeß mühsam durchgesetzt werden, mußten Vereine zu ihrer Pflege gegründet, Zeitschriften für ihre Publikation ins Leben gerufen, Rezensionsorgane für ihre kritische Sichtung geschaffen werden.[96] Dies auch an unserem Muster der pastoralen Literatur zu verfolgen, wäre erneut ein reizvolles Kapitel deutscher Kulturgeschichte. Wir müssen es uns wieder versagen, um unserem Wege exemplarischer Textanalyse treu zu bleiben und setzen ihn fort an der Stelle, da die Durststrecke überwunden und der neuen deutschsprachigen Literatur ein überwältigendes Echo nicht nur in Deutschland selbst, sondern erstmals auch im Ausland zuteil wird. Wir sprechen also von den ‚Idyllen' des Schweizer Dichters Salomon Gessner; 1756 in Zürich erschienen, wurden sie rasch zu dem größten Bucherfolg deutscher Zunge vor dem Erscheinen von Goethes ‚Werther'. Warum?[97] (Abb. 26)

> Diese Idyllen sind die Früchte einiger meiner vergnügtesten Stunden; denn es ist eine der angenehmsten Verfassungen, in die uns die Einbildungs-Kraft und ein stilles Gemüth setzen können, wenn wir uns mit-

Abb. 26: Erstausgabe von Salomon Gessners ‚Idyllen'

telst derselben aus unsern Sitten weg, in ein goldnes Weltalter setzen. Alle Gemählde von stiller Ruhe und sanftem ungestöhrtem Glük, müssen Leuten von edler Denkart gefallen; um so viel mehr gefallen uns Scenen die der Dichter aus der unverdorbenen Natur herholt, weil sie oft mit unsern seligsten Stunden, die wir gelebt, Ähnlichkeit zu haben scheinen. Oft reiß ich mich aus der Stadt los, und fliehe in einsame Gegenden, dann entreißt die Schönheit der Natur mein Gemüth allem dem Ekel und Allen den wiedrigen Eindrüken, die mich aus der Stadt verfolgt haben; ganz entzükt, ganz Empfindung über ihre Schönheit, bin ich dann glüklich wie ein Hirt im goldnen Weltalter und reicher als ein König.

Die Ekloge hat ihre Scenen in eben diesen so beliebten Gegenden, sie bevölkert dieselben mit würdigen Bewohnern, und giebt uns Züge aus dem Leben glüklicher Leute, wie sie sich bey der natürlichsten Einfalt der Sitten, der Lebens-Art und ihrer Neigungen, bey allen Beggegnissen, in Glük und Unglük betragen. Sie sind frey von allen den Sclavischen Verhältnissen, und von allen den Bedürfnissen, die nur die unglükliche Entfernung von der Natur nothwendig machet, sie empfangen bey unverdorbenem Herzen und Verstand ihr Glük gerade aus der Hand dieser milden Mutter, und wohnen, in Gegenden, wo sie nur wenig Hülfe fordert, um ihnen die unschuldigen Bedürfnisse und Bequemlichkeiten reichlich darzubieten. Kurz, sie schildert uns ein goldnes Weltalter, das gewiß einmal da gewesen ist, denn davon kan uns die Geschichte der Patriarchen überzeugen, und die Einfalt der Sitten, die uns Homer schildert, scheint auch in den kriegerischen Zeiten noch ein Überbleibsel desselben zu seyn. Diese Dichtungs-Art bekömmt daher einen besondern Vortheil, wenn man die Scenen in ein entferntes Weltalter setzt; sie erhalten dardurch einen höhern Grad der Wahrscheinlichkeit, weil sie für unsre Zeiten nicht passen, wo der Landmann mit saurer Arbeit unterthänig seinem Fürsten und den Städten den Überfluß liefern muß, und Unterdrükung und Armuth ihn ungesittet und schlau und niederträchtig gemacht haben. Ich will darmit nicht läugnen, daß ein Dichter, der sich ans Hirten-Gedicht wagt, nicht sonderbare Schönheiten ausspüren kann, wenn er die Denkungsart und die Sitten des Landmanns bemerket, aber er muß diese Züge mit feinem Geschmak wählen, und ihnen ihr Rauhes zu benehmen wissen, ohne den ihnen eigenen Schnitt zu verderben.[98]

Diese Vorrede Gessners zu seinen ‚Idyllen' hat in der Tat Epoche gemacht; Herder, Goethe, Schiller und viele andere haben sich direkt oder indirekt mit ihr auseinandergesetzt und vielfach ihre eignen Vor-

Abb. 27: Porträt Gessners von Matthias Gottfried Eichler

stellungen im Gegenzug zu ihrem illustren Vorgänger entwickelt.[99] Uns darf dieser Ausschnitt als Repräsentant der aufgeklärt-empfindsamen Arkadiendichtung um die Mitte des 18. Jahrhunderts gelten, an dem wir uns der wiederum besonderen historischen Physiognomie der

Arkadien-Utopie im aufgeklärten Zeitalter wie ihrer in der Geschichte nachwirkenden und uns herausfordernden Potenzen versichern.[100]

Wir bemerken sogleich: Der Abstand zwischen dem Schreiber dieser Zeilen und seinem dichterischen Vorwurf, dem Hirtenleben im goldenen Zeitalter, ist geringer geworden. Es bedarf nicht mehr des Kunstmittels der Allegorie wie bei den Dichtern des 17. Jahrhunderts, um Hirt und Dichter miteinander zu identifizieren. Die Wünsche, die der Dichter in seinem Leben hegt, koinzidieren mit denen seiner dargestellten Hirten in der schönen Natur. Er fühlt sich am glücklichsten, wenn er die Stadt, den Raum der Zivilisation, hinter sich lassen und in einsame Gegenden entweichen darf, um die Natur zu genießen – „ganz Empfindung über ihre Schönheit, bin ich dann glüklich wie ein Hirt im goldnen Weltalter und reicher als ein König". (Abb. 27)

Der Dichter sagt uns auch, warum er sein Glück als Städter in der freien Natur nur mit dem Hirten des goldnen Zeitalters zu teilen vermag, nicht aber mit dem Schäfer und Landmann seiner eignen Gegenwart. Dieser ist geknechtet, muß hart arbeiten und den mühsamen Ertrag seiner Arbeit seinem Herrn bzw. den Städtern abliefern, Unterdrückung und Armut haben ihn ungesittet, schlau und niederträchtig gemacht. Als Vorbild kann er daher nicht dienen, und für die dichterische Präsentation idealer Verhältnisse, wie sie dem Hirtengedicht nach Gessners Verständnis immer noch obliegt, taugt seine Lage daher nicht. Der Dichter muß aus der Wirklichkeit entweder einzelne geeignete Züge auswählen oder gleich ausweichen auf die ferne Urzeit.

Diese Rede hat die nachfolgende junge Generation um Herder und Goethe dem Schweizer Dichter verübelt. Sie protestierte im Namen der Wirklichkeit gegen einen prekären Akt poetischer Synthesis im mühseligen Zurechtstutzen einer Natur, die dazu nach Meinung der Jungen zu schade war. Uns sollte dieser Einwurf, den wir gleich noch weiter verfolgen werden, nicht hindern, zunächst den radikalen Umbruch wahrzunehmen und zu beschreiben, der in Gessners ‚Idyllen' und überall im Umkreis empfindsamer Landleben- und Naturdichtung um die Mitte des Jahrhunderts stattfand. Nichts wäre dem Dichter lieber, so gibt er nur allzu deutlich zwischen den Zeilen zu verstehen, als den Bauern seiner Gegenwart zu besingen. Er kann es nicht, weil dessen schmähliche Existenzform nicht zu dem Wesen einer Gattung paßt, die auf den Entwurf idealer Verhältnisse verpflichtet ist. Indem er diesem ihrem Gesetz treu bleibt, erhebt er jedoch in alter satirischer Tradition, die uns an ihr gleich wichtig war, Anklage gegen eine Sozialordnung, in der der niederste Stand des Bauern, vielfach immer noch an Leibeigenschaft gefesselt, diese Erniedrigung erleiden muß.

Die Hirtengesellschaft, die Gessner in seinen Idyllen schildern wird, ist daher zugleich immer beides: Dichterische Vorwegnahme eines Zustandes, in dem der Bauer von seinem schmachvollen Los befreit als menschliches Wesen sich uneingeschränkt zu entfalten vermag, und Projektion der Hoffnungen und Sehnsüchte, welche der gebildete städtische Bürger an eine Erneuerung des Lebens im Zeichen von Natur knüpft. Erst beides zusammengenommen läßt uns die Gründe des unerhörten Erfolgs der Gessnerschen Botschaft gerade auch unter den Aufklärern in Frankreich verstehen. Gessners Idyllen machten wie so viele andere empfindsame Naturdichtungen glaubwürdig, daß die Reize und Vorzüge des höfischen Lebens, von der literarischen Intelligenz des 17. Jahrhunderts als solche nie in Zweifel gezogen, zu verblassen beginnen, ja mehr noch, daß sich kritisches Unbehagen regt an den von Fürsten und Adel zu vertretenden Verhältnissen auf dem Lande.

Der Hirt, der hier ins goldene Weltalter projiziert wird, er trägt nur allzu merklich die Züge des kultivierten Bürgers, und ‚kultiviert', das meint jetzt vor allem: emotional sensibilisiert, aufgeschlossen und das Wort ergreifend für die Geknechteten und Ausgebeuteten, reserviert gegenüber der kalten Pracht der Höfe, leidend an der Enge und nicht zuletzt an den religiösen Zwängen im eigenen Lebensraum der Stadt und emphatisch zugetan den Schönheiten einer Natur, die nicht nur ästhetische Annehmlichkeiten in ungeahnter Fülle bereithält, sondern auch zu natürlichen, unhöfischen und unverschandelten Lebensformen geleitet.

Dieser Gessnersche Hirt, mit dem Gleichgesinnten sich zur kleinen Gemeinschaft der Edlen vereinend, ist von seinem Schöpfer zu nichts weniger erkoren, denn als Repräsentant des Menschen schlechthin zu figurieren, der neben seinen rationalen seine emotionalen, neben seinen ästhetischen seine moralischen, neben seinen praktischen seine religiösen Vermögen im Namen der einen Leitinstanz Natur ausgebildet hat und so im Vollbesitz seiner Kräfte daran geht, seiner selbst würdige Verhältnisse zu schaffen, die durch sorgende Teilnahme, durch Mitleid, durch Integration des Schwachen und zuallererst durch uneingeschränkte und ergriffene Verehrung der außermenschlichen, der göttlichen Natur ausgezeichnet sein sollen.

So wäre es weit gefehlt, der Gessnerschen Idylle wie der anderer empfindsamer Dichter des 18. Jahrhunderts schlichte Regression in eine heile fabulöse Welt des Nirgendwann und Nirgendwo vorzuwerfen. Als solche war sie gewiß am allerwenigsten gedacht und wurde von den Zeitgenossen auch so nicht verstanden. Das goldene Zeitalter, so hatte der Dichter geäußert, vermöchte Wirklichkeit zu werden, sofern die

Menschen ihre wahren Bedürfnisse nur erkennen, die ihnen entgegenstehenden Bedingungen, von ihnen doch selbst hervorgebracht, beseitigen und dem zu folgen bereit wären, wozu eine gütige Natur sie ausersehen hatte.

Wir sollten diesen Natur-Optimismus nicht voreilig als naive Träumerei von Phantasten belächeln, sondern uns zunächst gegenwärtig halten, daß im Namen der natürlichen allentfalteten Persönlichkeit die widernatürlichen Standesgrenzen diskriminiert, unterminiert und schließlich im Nachbarland im Namen eben jener idyllischen Parolen zu Fall gebracht wurden. Warum dies in Deutschland nicht geschah, steht auf einem anderen Blatt und kann uns hier auch nicht beschäftigen. Einen Wink gibt uns die innere Struktur der idyllischen Welt, der wir uns wieder an einem, gleichfalls den Gessnerschen ‚Idyllen' entstammenden Beispiel versichern wollen.

IX

Die idyllische Welt als menschheitliches Modell

Der ‚Wunsch' hat Gessner die letzte Idylle seiner Sammlung aus dem Jahre 1756 genannt. Ich wüßte keine zweite, an der sich so genau die Intention der aufgeklärt-empfindsamen Arkadien-Version ablesen ließe.[101]

> Dürft' ich vom Schiksal die Erfüllung meines einigen Wunsches hoffen; denn sonst sind meine Wünsche Träume, ich wache auf und weiß nicht, daß ich geträumt habe, es sey denn ein Wunsch für andrer Glük; dürft' ich vom Schiksal dieses hoffen, dann wünscht ich mir nicht Überfluß, auch nicht über Brüder zu herrschen, nicht daß entfernte Länder meinen Namen nennen. O könnt' ich unbekannt und still, fern vom Getümmel der Stadt, wo dem Redlichen unausweichliche Fallstrike gewebt sind, wo Sitten und Verhältnisse tausend Thorheiten adeln, könnt' ich in einsamer Gegend mein Leben ruhig wandeln, im kleinen Landhaus, beym ländlichen Garten, unbeneidet und unbemerkt![102]

Es gehört zu den Gesetzen der Gattung, die man kennen muß, um die einzelnen Texte interpretieren zu können, das einfache schäferliche oder ländliche Leben abzusetzen von dem heldisch-heroischen. Bei Gessner und seinen Freunden im Umkreis der Empfindsamkeit gewinnt der alte Topos neue, lebensbestimmende Bedeutung. Heroisches Dasein, in der höfischen Literatur aller Spielarten gepriesen, ist an Ruhm und an Herrschaft geknüpft. Beides verliert, wie ungezählte Äußerungen beweisen, in der bürgerlich-empfindsamen Intelligenz an Attraktivität. Herrschaft in der Praxis des Ancien Régime und Brüderlichkeit, wie sie die neue Literatur emphatisch beschwört, schließen sich aus. Der „Wunsch für andrer Glük", wie es bei Gessner heißt, ist noch nicht zur ideologischen Floskel herabgesunken, um hinter dem proklamierten Altruismus um so unverhohlener den eigenen Interessen nachzugehen, sondern ist Kernformel der neuen ersehnten brüderlichen Welt, die in der kleinen idyllischen poetisch-imaginativ vorweggenommen wird.

Wie der Hof als Brennpunkt der heroischen, so wird die Stadt als Brennpunkt nicht nur der bürgerlichen, sondern der herkömmlichen sozialen Formen des Zusammenlebens gegeißelt. Die Stadtkritik, gleichfalls Gemeingut der Gattung, indiziert nun ein nicht länger überspielbares Unbehagen an den unbeweglich gewordenen ständischen Hierarchisierungen, denen egalitäre Modelle in der paradigmatischen idyllischen kleinen Gesellschaft entgegengehalten werden.

Höfischer wie städtischer Sozialraum sind zuinnerst stigmatisiert durch den Ausschluß von Natur und damit von Naturerfahrung, wie sie seit der Empfindsamkeit unerläßlicher Beweggrund wahrer Moralität wird. Gutes Leben ist an die Anschauung von Natur gebunden, benötigt diese als Generator edler Gefühle und Verhaltensweisen, wo die existierenden Sozialräume nur überkommene – und das heißt jetzt zunehmend fragwürdige und korrumpierte – Verhaltensmuster anbieten. Natur als Lebensraum wie als sittliche Kategorie ist also der einzige Garant der Erneuerung, der Leitbegriff, in deren Namen die junge Generation den Kampf gegen das überkommene Alte aufnimmt. Und die Schweiz leistet hier allseits anerkannte Schrittmacherdienste im 18. Jahrhundert, weil sie eine republikanische Tradition aufzuweisen hat und eine alles beherrschende höfische Superstruktur nicht kennt. Dies im Auge, verlieren die wohlziselierten idyllischen Naturbilder die ihnen immer wieder nachgesagte Harmlosigkeit.

> Im grünen Schatten wölbender Nußbäume stünde dann mein einsames Haus, vor dessen Fenstern kühle Winde und Schatten und sanfte Ruhe unter dem grünen Gewölbe der Bäume wohnen; vor dem friedlichen Eingang einen kleinen Plaz eingezäunt, in dem eine kühle Brunn-Quelle unter dem Traubengeländer rauschet, an deren abfliessendem Wasser die Ente mit ihren Jungen spielte, oder die sanften Dauben vom beschatteten Dach herunter flögen, und nikend im Gras wandelten, indeß daß der majestätische Hahn seine gluchzenden Hennen im Hof umher führt; sie würden dann auf mein bekanntes Loken herbey flattern, ans Fenster, und mit schmeichelndem Gewimmel Speise von ihrem Herren fordern.

> Auf den nahen Schatten-reichen Bäumen, würden die Vögel in ungestöhrter Freyheit wohnen, und von einem Baum zum andern nachbarlich sich zurufen und singen. In der einen Eke des kleinen Hofes sollen

dann die geflochtenen Hütten der Bienen stehn, denn ihr nüzlicher Staat ist ein liebliches Schauspiel; gerne würden sie in meinem Anger wohnen, wenn wahr ist, was der Landmann sagt, daß sie nur da wohnen, wo Fried und Ruhe in der Wirthschaft herrscht. Hinten am Hause sey mein geraumer Garten, wo einfältige Kunst, den angenehmen Phantasien der Natur mit gehorsamer Hülfe beysteht, nicht aufrührisch sie zum dienstbaren Stoff sich macht, in groteske Bilder sie zu schaffen. Wände von Nußstrauch umzäumen ihn, und in jeder Eke steht eine grüne Hütte von wilden Rosinen; dahin würd ich oft den Stralen der Sonn' entweichen, oder sehen, wie der braune Gärtner die Beeten umgräbt, um schmakhafte Garten-Gewächse zu säen; Oft würd ich die Schaufel aus der Hand ihm nehmen, durch seinen Fleiß zur Arbeit gelokt, um selbst umzugraben, indeß daß er neben mir stühnde, der wenigern Kräfte lächelnd; oder ich hülf ihm die flatternden Gewächse an Stäben aufbinden, oder der Rosen-Stauden warten und der zerstreuten Nelken und Lilien.

Aussen am Garten müßt' ein klarer Bach meine Grasreiche Wiese durchschlängeln; er schlängelte sich dann durch den schattichten Hain fruchtbarer Bäume, von jungen zarten Stämmen durchmischet, die mein sorgsamer Fleiß selbst bewachete. Ich würd ihn in der Mitte zu einem kleinen Teich sich sammeln lassen, und in des Teiches Mitte baut' ich eine Laube auf eine kleine aufgeworfene Insel; zöge sich dann noch ein kleiner Reb-Berg an der Seite in die offene Gegend hinaus, und ein kleines Feld mit winkenden Ähren, wäre der reichste König dann gegen mir beneidens werth?[103] (Abb. 28)

Diese ländliche Wunschlandschaft des Dichters, in der Züge aus dem Rokoko mit solchen der Empfindsamkeit sich mischen, ist als reich beschattete durch und durch nicht nur auf Harmonie, sondern mehr noch auf Frieden hin angelegt. Sanfte Ruhe breitet sich um den friedlichen Eingang aus und waltet im Innern des sorgfältig nach außen hin abgeschirmten Raumes – Symbol für den in jedem Zug bekräftigten Umstand, daß die Uhren hier anders schlagen als in der Welt draußen. Die Tierwelt ist, wie seit altersher in der Gattung, nicht in Aufruhr, sondern der Mensch neigt sich ihr spielend und fördernd gerne zu. Der Garten trägt die Spuren menschlicher Kultur, aber er ist ein Spiegel einfältiger Kunst, nicht des herrischen Zugriffs wie im höfischen Park. Anschmiegen statt Herrschen lautet auch hier die Devise, und die Natur dankt gleichsam, indem sie sich dem Menschen bereitwillig – um nicht zu sagen: brüderlich, wie alsbald in der Romantik – zuneigt.

Abb. 28: Illustration von Salomon Gessner zu seinen ‚Idyllen'

Noch das die Szene belebende Genrebild des an der Gartenarbeit sich versuchenden Dichters ist wohlkomponiert. In dieser friedlichen Landschaft haben Unterschiede des Rangs und Namens keinen Platz, weil Natur sie dispensiert hat. Wieder ist der reiche König zur Stelle, um an die ganz anderen Gesetze in der Welt zu erinnern, die hier bewußt verabschiedet sind, um ein Glück im kleinen zu genießen, das eben deshalb ein wahrhaft menschliches ist, weil es Mensch und Mensch, Mensch und Natur nicht entzweit, sondern auf der Basis einer harmonisch und gut geordneten Schöpfung vereint. Daß hier nicht naive Schwärmerei die Feder des Dichters leitet, der am Schlusse seiner ‚Idyllen' seinem ‚Wunsch' nachgibt, sondern im Gegenteil sehr entschieden und kompromißlos ein Kontrastraum aufgebaut wird, zeigt der Blick auf die soziale Gegenszene, die wiederum alter Gattungs-Gepflogenheit entsprechend ihren wohlbedachten bedeutungsvollen Platz im idyllischen Gefüge zugewiesen erhält.

Aber fern sey meine Hütte von dem Landhaus, das Dorantes bewohnt, ununterbrochen in Gesellschaft zu seyn. Bey ihm lernt man, daß

Frankreich gewiß nicht kriegen wird, und was Mops thäte, wenn er König der Britten wäre, und bey wohlbedekter Tafel werden die Wissenschaften beurtheilt, und die Fehler unsers Staats, indeß daß majestätischer Anstand vor der leeren Stirne schwebt. Weit von Oronten weg sey meine einsame Wohnung; fernher sammelt sich Wein in seinen Keller, die Natur ist ihm nur schön, weil niedliche Bissen für ihn in der Luft fliegen, oder den Hain durchirren, oder in der Flut schwimmen. Er eilt auf das Land um ungestöhrt rasen zu können; wie bang ist man in den verfluchten Mauern, wo der rumme Nachbar jede That bemerkt! Dir begegne nie, daß ein einsamer Tag bey dir allein dich lasse, eine unleidliche Gesellschaft für dich, vielleicht entwischt dir ein schaudernder Blik in dich selbst. Aber nein, gepeinigte Pferde bringen dir schnaubend ihre unwürdigen Lasten, sie springen fluchend von dem unschuldigen Thier; Tumult und Unsinn und rasender Wiz begleiten die Gesellschaft zur Tafel, und ein ohnmächtiger Rausch endet die tobende Scene. Noch weiter von dir, hagrer Harpax, dessen Thüre hagre Hunde bewachen, die hungernd dem ungestühm abgewiesenen Armen das bethränte Brod rauben. Weit umher ist der arme Landmann dein gepeinigter Schuldner; nur selten steigt der dünne Rauch von deinem umgestürzten Schornstein auf, denn solltest du nicht hungern, da du deinen Reichthum dem weinenden Armen raubest![104]

Drei Szenen, die ihre Herkunft aus der Welt des Adels an keiner Stelle verleugnen. Gelungener Umgang mit der Natur setzt Übereinstimmung mit sich selbst und substantielle sittliche Verhältnisse zwischen den Menschen voraus. Von beidem ist die tonangebende herrschende Gesellschaftsschicht weit entfernt. Der hier obwaltende politische und moralische, wissenschaftliche und ästhetische Diskurs ist nichtig, weil von überlebten, an der Natur nicht regulierten Normen geleitet. Wo in der idyllischen Welt Innen und Außen zusammenstimmen, trägt diese Führungsschicht ein maskenhaftes Antlitz; der majestätische Anstand ist nur das Panier vor einer leeren, der Natur entfremdeten Stirn.

Natur ist adliger Gewohnheit gemäß Ort der Jagd. Diese erscheint dem bürgerlichen Dichter um so frivoler, als sie von einem Stand praktiziert wird, dem lange das Recht auf Herrschaft abhanden gekommen ist, weil er sich selbst nicht mehr ins Auge zu schauen wagt. Dieser Stand, daran läßt unsere Idylle keinen Zweifel, hat abgewirtschaftet und sich überlebt. Und mit ihm die spätfeudalen Besitz-, Abhängigkeits- und Ausbeutungsverhältnisse auf dem Lande. Der Reichtum dieser alteuropäischen Herrenschicht beruht auf der Armut der Bauern, deren erbärmliches Los sich so wenig verträgt mit dem ländlichen Bild, das die Idylle zeichnet und das doch Wirklichkeit sein könnte, wenn die Herrschaftsform überwunden wäre.

So verweisen fiktives und satyrisches Bild wie seit eh in der Gattung aufeinander, die ersehnte arkadische Welt bleibt wie am Anfang so am Ende das kritische Korrektiv, mittels dessen die Wirklichkeit gegeißelt und als schlechte verworfen wird, um dem vernünftigen und also natürlichen Neuen Platz zu machen. Diese sozialkritische Komponente der Idylle abzusprechen heißt, sie ihres geschichtlichen Zeitkerns zu berauben, um dessentwillen die Zeitgenossen sie enthusiastisch begrüßten und der im historischen Lesen wieder freigelegt sein will.

Nur vor diesem Hintergrund können wir die Bilder seliger ländlicher Freuden angemessen würdigen, mit deren Vergegenwärtigung die Idylle schließt. Die Form des menschlichen Umgangs, die der aufs Land versetzte Dichter mit dem Bauern zu praktizieren gedenkt, ist das genaue Gegenteil dessen, was der Adel alltäglich vorexerziert.

> Der fromme Landmann sey mein Nachbar, in seiner braunen beschatteten Hütte; liebreiche Hülfe und freundschaftlicher Rath machen dann einen dem andern zum freundlich lächelnden Nachbar; denn, was ist seliger als geliebet zu seyn, als der frohe Gruß des Manns, dem wir Gutes gethan?[105]

In der Stadt verwehrt die nachbarliche Mauer den Blick auf die morgendliche Sonne, dem eingekerkerten Blick ist der Genuß der schönen Szene am Morgen nicht vergönnt. Diese Sorgen sind dem auf dem Lande Wohnenden fremd. Vorausgesetzt ist nur, daß er die Natur nicht unter dem Aspekt der Nützlichkeit und vor allem nicht unter dem Gesichtspunkt höfischer Repräsentation betrachtet, sondern im Gegenteil den dichterischen Blick für die ästhetischen Reize im kleinen ebenso ausgebildet hat wie den Sinn für die Harmonie im großen.

> Denn, was entzüket mehr als die schöne Natur, wenn sie in harmonischer Unordnung ihre unendlich mannigfaltigen Schönheiten verwindet? Zukühner Mensch! was unterwindest du dich die Natur durch weither nachahmende Künste zu schmüken? Baue Labyrinte von grünen Wänden, und laß den gespizten Taxus in abgemessener Weite empor stehn, die Gänge seyen reiner Sand, daß kein Gesträuchgen den wandelnden Fußtritt verwirre; mir gefällt die ländliche Wiese und der verwilderte Hain, ihre Mannigfaltigkeit und Verwirrung hat die Natur nach geheimern Regeln der Harmonie und der Schönheit geordnet, die unsere Seele voll sanften Entzükens empfindet. Oft würd' ich bey sanf-

tem Mondschein bis zur Mitternacht wandeln, in einsamen frohen Betrachtungen, über den harmonischen Weltbau, wenn unzählbare Welten und Sonnen über mir leuchten.[106]

Doch auch für Geselligkeit ist auf dem Lande gesorgt. Die fiktiven Landleute haben die Gesetze der Natur bewahrt, sind nicht gemodelt durch die Willkür ihrer Herren und eben deshalb eine unerschöpfliche Quelle der Freude und der Unterhaltung für den aufmerksamen Dichter. Hier im einfachen ländlichen Leben hat die muntere Erzählung wie die ernste Unterhaltung ihren Sitz – Präfiguration der dichterischen Tätigkeit, die stets zur Natur zurückführt. Zugleich aber ist das Land in alter humanistischer Tradition Ort der Meditation, des einsamen Sinnens über die großen Geister der Vergangenheit, des lebendigen Gesprächs mit den Weggefährten der Gegenwart, heißen sie nun Klopstock oder Wieland oder Ewald von Kleist, sie alle in ihrer Nation noch kaum zur Wirkung gelangt, dem naturverbundenen Kenner jedoch wohlvertraut.

Verstehen wir, was hier geschieht? Dieser sehnsüchtig beschworene schöne, nein mehr noch: dieser heilige Raum der Natur ist ein solcher, in dem allein die Entfaltung der edelsten Kräfte des Menschen gelingen kann, wo Hof und Stadt und Land die einzelnen Stände in unwürdige Verhältnisse zwingen und die Menschen ihres Besten, der freien Entfaltung aller Vermögen, berauben. Versenkung in die Mannigfaltigkeit der Naturerscheinungen, von Rücksicht und Sorge geleiteter Umgang mit dem Nachbarn, muntere, von Scherz und Ernst gleichermaßen geprägte Geselligkeit, Vergegenwärtigung der besten geschichtlichen Traditionen und Anknüpfung an sie im eigenen Schaffen, seelische Gemeinschaft mit dem geliebten Menschen und dankbare Verehrung eines gütigen, zumal in der Natur sich bekundenden Schöpfers – das sind die Ingredienzien der idyllischen Welt Gessners wie der Empfindsamkeit überhaupt.

Eine ahnungslose Literaturgeschichte hat sie aus der Sozial- und Bewußtseinsgeschichte des Bürgertums herauslösen wollen, kämen in ihr doch ständeübergreifende Ideale zu Wort. Als gälte nicht nach wie vor die alte Marxsche Maxime, daß eine jede bislang in der Geschichte aufgetretene Klasse ihren revolutionären Elan aus ihrem Versprechen gezogen hätte, allen Geknechteten die Befreiung zu bringen. Der natürliche Raum der Idylle ist noch einmal in der abendländischen Tradition ein strikt utopischer, in dem alle Werte und Normen des gebildeten Mittelstandes versammelt werden, denen eine reale gesellschaftliche Heimstatt versagt ist und der eben deshalb als geheimer Katalysator von Gesellschaftskritik fungiert.

Der Dichter und Pädagoge Gessner wußte um die Verführung, die von diesem phantastischen und zugleich doch sehr realen Ort ausgehen konnte. Und so schickte er sich an, Vorkehrungen zu treffen, um seiner Faszination zu wehren. Tugend, so lesen wir in den letzten Sätzen unserer Idylle ‚Der Wunsch', sei schließlich an jedem Ort und in jedem Stand zu praktizieren; dazu bedürfe es nicht der Emigration aufs Land. Gewiß. Doch warum dann die unaufhörliche Evokation der paradiesisch schönen idyllischen Welt? Hören wir noch einmal einen der wenigen Kundigen, um uns zu vergewissern, daß wir auf dem richtigen Wege waren, wenn wir das Gessnerschen Arkadien auch als insgeheim neuen sozialpolitischen Raum begriffen:

„Vielleicht wird Gessner, dem letztlich nichts wichtiger war als die Vermittlung von Claude Lorrains ‚reinem Himmelsstrich', der lieber die ‚grüngewölbten Gänge hoher Bäume' als jenes ‚öde Schlachtfeld' besungen hat und sich damit von der Teilnahme am Austrag der seither aktuell gewesenen historischen Fragestellungen von vornherein und fürderhin dispensiert zu haben schien, vitalem menschlichen Interesse erst wieder in der gegenwärtigen Situation begegnen, da Brechts vielberufenes Gespräch ‚in finsteren Zeiten' inzwischen die Wendung genommen hat, daß zu den Verbrechen gegen die Menschheit auch die im Kriege (in Vietnam) und im Frieden (in unserer Industrielandschaft) begangenen Verbrechen gegen Bäume und ganze Landschaften – und damit natürlich um so mehr gegen Menschen – gekommen sind. Für Gessner ist das ‚Gespräch über Bäume', das ja auch Brecht nicht fremd war, kein Verbrechen, denn es ist *seine* Art des Protestes und des *Nicht*-Schweigens über Untaten der Mächtigen.

[...] Gerade die heitersten und ‚reinsten' von Geßners Idyllen, die von ihm imaginierte ‚schönere Welt' insgesamt, stellen nach allem keine in sich genügsame, schlechte Zuflucht gewährende Provinz dar. Geßner selbst hat die Signale gesetzt, die anzeigen, daß seine schönen Bilder kritisch bezogen sind auf die Existenz nicht so schöner Realität, dergestalt daß das schöne Bild – nicht dazu gemacht, die Aufmerksamkeit einzulullen – gerade durch seine bewußt hochgetriebene Vollkommenheit auf die Unvollkommenheit des gegebenen Zustands hinlenkt und durch den einmal gesetzten Anspruch kein ferneres Hinnehmen des nun erst wirklich als Albtraum Erlebbaren und umso leidvoller Erfahrbaren erlaubt."[107]

X

Vorrevolutionäre Kritik

Zwanzig Jahre später wird die letzte, bei Gessner und den Seinen sich schon abzeichnende Konsequenz der Arkadien-Utopie in der vorrevolutionären Literatur des Göttinger Hains und des Sturm und Drang gezogen. Die schäferliche und ländliche Dichtung, nun im 18. Jahrhundert und zumal seit Gessner bevorzugt unter dem Gattungsbegriff ‚Idylle' firmierend, gibt ihre über zweitausend Jahre bewahrten und tradierten sozialkritischen Potenzen uneingeschränkt frei. Zugleich aber bleibt der arkadische Horizont gewahrt, denn nur in ihm ist die Alternative denk- und darstellbar, die sich nun zum konkreten sozialpolitischen Programm verdichtet, das wir bei Gessner zugunsten der Tugend-Botschaft noch vermißten.[108]

1776 erscheinen im Lauenburger Musenalmanach unter dem Obertitel ‚Die Leibeigenschaft' zwei Idyllen mit den Titeln ‚Die Pferdeknechte' und ‚Der Ährenkranz' aus der Feder des Enkels eines Freigelassenen, Johann Heinrich Voß. (Abb. 29) Später wird eine dritte Idylle mit dem Titel ‚Die Erleichterten' hinzutreten; zusammen mit den beiden anderen nun umbenannten in ‚Die Leibeigenen' und ‚Die Freigelassenen' wird sie fortan im Werk Vossens eine Trilogie bilden, die als eine Art Vermächtnis der aufgeklärten Idyllendichtung im Vorfeld der Französischen Revolution angesehen werden darf.[109]

Noch einmal ist die Gestalt Vergils gegenwärtig, bevor sie im Zeichen der nun endlich in Deutschland zu Ruhm gelangenden Homers für mehr als ein Jahrhundert zurücktreten wird. Und wieder ist es die erste Ekloge, die form- und motivprägend auch den Idylliker Voß zu sich selbst führt. Michel, der Pferdeknecht, will heiraten. Aber das darf er als Leibeigener nur mit Erlaubnis seines Gutsherrn. Und der hat ihm nicht nur die Heirat versprochen, sondern – gleich dem Gott in Vergils erster Ekloge – auch die Freiheit. Wo Oktavian sein Versprechen aber einlöst, da entpuppt sich der Junker als erbärmlicher Betrüger:

[...] Verspricht der Kerl mir die Hochzeit,
Und die Freiheit dazu, für hundert Thaler! Mein Alter,

Abb. 29: Johann Heinrich Voß, Porträt von Carl Barth

Mit dem kahlen wackelnden Kopf, und mein krüpplicher Bruder,
Den der Kerl an die Preußen verkauft, und den die Kalmucken,
Tatern und Menschenfresser im Kriege zu Schanden gehauen,
Scharren alles zuhauf, Schaumünzen mit biblischen Sprüchen,
Blanke Rubel, und schimmliche Drittel, und Speciesthaler;
Und verkaufen dazu den braunen Hengst mit der Blässe,
Und den bläulichen Stier, auf dem Frühlingsmarkte, für Spottgeld.
Michel, sagen sie, nimm das bischen Armut, den letzten
Not- und Ehrenschilling, und bring's dem hungrigen Junker!
Besser, arm und frei, als ein Sklave bei Kisten und Kasten!

Wasser und trocknes Brot schmeckt Freien wie Braten und Märzbier!
Weinend bring' ich's dem Kerl; er zählt es: Michel, die Hochzeit
Will ich euch schenken; allein ... mit der Freiheit ... Hier zuckt er die
Achseln.[110]

Groß ist die Empörung, und dies um so mehr, als der Junker sich erdreistet, seinen Wortbruch auch noch mit einer bösen Verleumdung zu garnieren. Einen ‚Malter Roggen' hätte Michel gestohlen. Das geht entschieden zu weit. Hans, der Freund und Gesprächspartner, rät zur Klage bei ‚unserm gnädigsten Landsherrn'. Doch Michel weiß es besser. Wo soll in diesem korrupten Land das Recht sich einstellen? Anderes muß geschehen, um sich und der Braut Lenore Recht zu schaffen:

Aber verklagen! durch wen? wo ist Geld? und erfährt es der Herzog?
Und die Minister, Hans? Die Minister? man weiß wohl, ein Rabe
Hackt dem andern die Augen nicht aus! ... Ja, sing nur, Lenore!
Sing' und spring' auf der Wiese herum, du freie Lenore!
Frei soll dein Bräutigam sein! Er ist's! Bald tanzen wir beide
Unsern Hochzeitsreigen, im langen jauchzenden Zuge,
Über Hügel und Thal ... nach dem Takt, den der Prügel des Vogts
schlägt! ...
Aber du weinst? Um den Jungfernkranz, den die Dirnen dir rauben?
Trockne die Thränen! Du wirst ja ein freies glückliches Eheweib,
Bald die glückliche Mutter von freien Söhnen und Töchtern! ...
Hans! mich soll dieser und jener! Ich lasse dem adligen Räuber
Über sein Dach einen roten Hahn hinfliegen, und zäume
Mir den hurtigsten Klepper im Stall, und jage nach Hamburg![111]

Da wird sie einmal laut, die Stimme der Geschändeten, auf die wir so lange in der für sie prädisponierten Gattung gewartet haben. (Abb. 30) Die junkerliche Vampirgesellschaft hat's zu weit getrieben. Nicht länger wird sich der Knecht betrügen und ausbeuten lassen. Er wird sich sein Recht selbst suchen und dem Betrüger Haus und Hof anzünden. Die Stimme des Aufruhrs dringt in die arkadische Dichtung ein, die doch seit je direkt und indirekt auf den Mißstand gewiesen hatte. Und das nicht bei Voß allein, Maler Müller in der Pfalz, Bürger und Hölty im Göttinger Hain, selbst der arrivierte Klopstock gesellen sich hinzu.

Und doch sind schon bei dem jungen Voß wie bei so vielen anderen die Vorkehrungen getroffen, um den Unmut zu kanalisieren, den – typisch deutschen? – unblutigen Weg der Reform zu signalisieren. Sogleich gemahnt der ehrliche Hans den nach Feuer, nach dem roten

Abb. 30: Allegorie auf das Ende des Feudalsystems

Hahn schielenden Aufsässigen an die unschuldigen Kinder, und als das nichts fruchtet an das biblische Wort, daß der Herr die Rache sich selbst vorbehalten habe. Der Konflikt wird nicht ausgetragen, statt dessen lenkt Hans den Brausekopf mit einer Erzählung ab, wie sie im Volk kursieren mochte und nicht grusliger vom jungen Schiller in den ‚Räubern' hätte ersonnen werden können.

>Michel, du sprachst doch vom Tanz. Ich will dir ein Märchen erzählen.
>Kennst du die wüste Burg? Mein seliger Oheim, der Jäger,
>Lauert da im Mondschein einst auf den Fuchs, in den Zwölften.
>   Mit einmal
>Braust, wie ein Donnerwetter, das wütende Heer aus der Heide.
>Hurra! rufen die Jäger, die Pferde schnauben, die Peitschen
>Knallen, das Hifthorn tönt, und gewaltige feurige Hunde
>Bellen hinter dem Hirsch, und jagen ihn grad' in das Burgthor.
>Oheim hält's für die fürstliche Jagd, ob sein Tiras gleich winselt,
>Denk mal, und geht (wie er denn zeitlebens ein herzhafter Kerl war!)
>Ihnen nach in die Burg. Nun denk, wie der Satan sein Spiel hat!
>Jäger und Pferd' und Hunde sind Edelleute, mit Manteln,
>Langen Bärten und eisernen Kleidern und großen Perücken;
>Wie die Schlaraffengesichter im Spiegelsaale des Junkers.
>Weiber mit hohen Fontanschen und Bügelröcken und Schlentern
>Fodern sie auf zum Tanz. Da rasseln dir glühende Ketten!

> Statt der Musik erschallt aus den Wänden ein Heulen und Winseln.
> Drauf wird die Tafel gedeckt. Ganz oben setzt sich der Stammherr
> Vom hochadligen Haus', ein Straßenräuber. Sein Beinkleid,
> Wams und Bienenkapp' ist glühendes Eisen. Sie fressen
> Blutiges Menschenfleisch, und trinken siedende Thränen.[112]

So weiß Hans das aufwallende Blut des Gepeinigten erzählend zu beruhigen; vergessen ist der Vorsatz der Brandschatzung und der Flucht in die Mauern der freien Stadt. Aber sind wir noch im Umkreis Arkadiens? Sehr wohl. Denn nun führt uns der Dichter in der zweiten Idylle ‚Der Ährenkranz' das Gegenbild vor. Der Baron Hennings hat getan, was Michels Junker nur versprach, die Liebenden freigegeben und die Leibeigenschaft beendet, so daß bukolischer Gesang wie seit eh und je die Wohltat preisen und das kostbare Gut der Freiheit in allen segensreichen Wirkungen herausstreichen kann.

Wie aber ist solcher Umschwung möglich? Eben um den allzu raschen Sprung aus der leibeigenen Welt in die der Freigelassenen zu mildern, fügt Voß später die dritte Idylle ‚Die Erleichterten' ein. Sie zeigt den Prozeß, der zum Entschluß der Befreiung führt. An ihr hat der aufgeklärte gebildete Bürger in Gestalt des fürsorglichen Pfarrers maßgeblichen Anteil. Wohlbestellt erscheinen die Besitzungen in dieser letzten Idylle Vossens dank der weisen Wirtschaft des Herrn, der seine Landleute als Menschen behandelt und sich gewogen zu machen weiß. Der Frau bleibt es vorbehalten auszusprechen, was auch dieser auf den ersten Blick glücklichen kleinen Gesellschaft mangelt: Freiheit. Sie beharrt darauf, daß ihre Untergebenen immer noch den Status der Leibeigenschaft haben und dieser beseitigt sein muß, wenn anders das Glück vollkommen sein soll.

> Was nicht taugt, durch Worte beschönigen, sei unerlaubt uns!
> Trautester, wem sein Herr Arbeit auflegt nach Willkür;
> Wem er den kärglichen Lohn nach Willkür setzet und schmälert,
> Geld sei's oder Gewächs, sei's Kornland oder ein Kohlhof;
> Wen er nach Willkür straft, für den Krieg aushebet nach Willkür;
> Wen er mit Zwang von Gewerbe, mit Zwang von Verehlichung abhält;
> Wen sein Herr an die Scholle befestigt, ohne der Scholl' ihm
> Einiges Recht zu gestehn, als Lastvieh achtend und Werkzeug;
> Wessen Kraft und Geschick an Leib und Seele der Herr sich
> Eignete; wer die Ersparnis verheimlichen muß vor dem Fronherrn:
> Trautester Mann, der ist Leibeigener, nenn' ihn auch anders![113]

Weit entfernt ist der Gutsherr, sich derartiger Praktiken zu bedienen. Nicht nur Vernunft, auch die Furcht vor der lauter werdenden Kritik der bürgerlichen Intelligenz, zu der auch ein Johann Heinrich Voß gezählt werden darf, gebietet Reform.

> Solche Gewalt doch üben in unseren Tagen gewiß nur
> Wenige. Dank der Vernunft und der edleren Menschenerziehung,
> Auch des gefürchteten Rufs lautstrafendem Tadel und Abscheu!
> Daß man es darf, ist traurig. Mir selbst oft kehrte das Herz sich,
> Neben dem prächtigen Hof' in öden Behausungen sparsam
> Menschen zu sehn, wie entmenscht durch so unmenschliche Herrschaft:
> Wildlinge, bleich und zerlumpt, und wie Ackergaule verhagert,
> Welche träg' aus dem Dunst unsauberer Katen sich schleppend,
> Offenen Munds anstarren den Fragenden, selber den Weg nicht
> Wissen zum ferneren Dorf, auch wohl mißleiten durch Bosheit;
> Und, da der Herr sie mit Fleiß in Züchtlingsschulen verwahrlost,
> Ähnlich dem Vieh an dumpfem Begriff; nur daß sie den Hunger
> Durch sinnreicheren Raub oft bändigen oder davongehn.
> Daß die Entmenschenden doch sich erinnerten, eigener Vorteil
> Nötige, wohl zu nähren und blank zu erhalten das Lastvieh![114]

Man sieht, auch der reife Voß hat die kritische Sprache nicht verlernt. Der Ausweg aber aus der Misere zeichnet sich nun deutlich ab. Voß ist Realist genug, nicht auf blanken Idealismus allein zu setzen. Die Physiokraten haben allenthalben gelehrt, daß es im ureigensten Interesse der Adligen läge, den Bogen nicht zu überspannen, ausgemergelte Leibeigene taugen zur Arbeit nicht mehr, das weiß auch der Herr in den ‚Erleichterten'. Ökonomische Notwendigkeit und aufgeklärte Erziehung müssen zusammenkommen. Sie aber schließt die Erinnerung an die jahrhundertelangen Leiden ein, die ein zusätzlicher Beweggrund für den überfälligen Akt der Befreiung ist. Wieder ist's die Frau, die diese geschichtliche Dimension als Mahnung an die Gegenwart ins Spiel bringt:

>   – Denn für das Unrecht,
> Daß in früherer Zeit und späterer, freie Besteller
> Räub'rische List und Gewalt ankettete; daß sie zu Frondienst
> Kind und Geschlecht mißbraucht' als Gekettete vor der Geburt schon;
> Daß in verfeinerter Zeit noch lastender immer die Arbeit
> Anwuchs, immer der Lohn sich schmälerte: – Mann, für das Unrecht
> Seit Jahrhunderten legt die Gerechtigkeit vollen Ersatz auf!

Wer für Ersatz annimmt ein Gehöft' auf billigen Erbzins
Und wie für Wohlthat dankt, wird Menschlichkeit üben und Großmut,
Nicht dem gefälligen Herrn das Vergeh'n anrechnend der Väter.[115]

Das war der von langer Hand vorgezeichnete deutsche Weg. Jahrhunderte hatte die deutsche gelehrte Intelligenz auf ihre Meriten, ihren Sachverstand, ihre guten Dienste im Staate gepocht und sich allerorten den Fürsten als kompetente Berater- und Bedienstetenschaft angeboten. Die lutherische Obrigkeitslehre, Widerstand jedweder Couleur ohnehin abhold, begünstigte diese Symbiose im durchweg kleinen überschaubaren Territorialstaat ungemein. Sollte es im Jahrhundert der Aufklärung anders sein? Die Sprache der Kritik, das hörten wir, spitzte sich schon in der Empfindsamkeit merklich zu und radikalisierte sich im Sturm und Drang nochmals, wo immer Mißstände zu geißeln waren und die Übel nicht beseitigt wurden.

Voß durfte sich schmeicheln, auch durch seine Idyllen an der Abschaffung der Leibeigenschaft in Schleswig-Holstein mitgewirkt zu haben. Dichtung und gerade die idyllische nahm derart ein sozialpolitisches Wächteramt sorgsam und, wo nötig, unnachgiebig wahr. Den Umsturz von unten jedoch propagierte sie nicht, auch nicht in den frühen radikalen Stücken. Sie setzte bis zuletzt auf die Einsicht von oben – eine Einsicht, die vorbereitet und geprägt war durch das Werk der Pfarrer und Lehrer, Professoren und Dichter in den Territorien, und der Adel und Fürstentum sich anbequemen mußten bei Strafe des Untergangs im Strudel der Revolution. Das Wetterleuchten des Gewitters ist auch in den Voß'schen Idyllen mehr als einmal zu gewahren.

Eile war geboten, Aufschub nicht länger gestattet, und Voß wurde nicht müde, diese Botschaft zu verkünden. Arkadien in seiner letzten vorrevolutionären Gestalt hatte sich erfüllt in der konkreten Vision einer leibeigenschaftslosen Gesellschaft; nicht mehr, aber auch nicht weniger. Arkadien als altem dichterischem Wunschland war es in den Augen Vossens und der Seinen vorbehalten, eine wie niemals vorher kritisierte schlechte Wirklichkeit zu geißeln, Glück und Wohlstand auf dem Lande zu verheißen und dem blutigen Umsturz zu wehren.

[...] O wie selig, gesellt wohlthätigen Geistern,
Schweben wir einst herüber und sehn Paradiese, wo Fluch war;
Hören genannt vom Hirten und Ackerer unsere Namen,
Feurig in Red' und Gesang' und in segnender Mütter Erzählung;
Hören am Freiheitsfest sie genannt vom Pfarrer mit Andacht,
Leise mit Thränen genannt von dem weither denkenden Greise;

Und umschwebende Seelen Entlassener winken uns lächelnd,
Dort uns Tochter und Sohn, dort Enkelin zeigend und Enkel,
Die im erneueten Erdparadies gottähnlicher aufblühn!
Aber geeilt, mein Guter, bevor wir beide dahingehn,
Wo nicht folgt ein Besitz, als redlicher Thaten Bewußtsein!
Schauerlich, hätten wir halb nur gethan, und nach täuschendem Labsal
Marterte hier von neuem ein unbarmherziger Fronherr![116]

XI

Scheitelpunkt und Sattelzeit:
Die bürgerliche Idylle

Die Revolution kam im Nachbarland. Aber sie wirkte nach Deutschland herüber. Und mehr noch als in die Politik griff sie ein in die Substanz der Dichtung, der Musik, der Philosophie. Mit ihr ging auch die Geschichte der alteuropäischen Arkadiendichtung zu Ende. Voß, einer der wenigen großen deutschen Dichter, der sich unbeirrt auch nach 1793 zu der Revolution in Frankreich bekannte, tat womöglich wider Willen das Seine, um die Gattung auf eine neue Bahn zu lenken, auf der sie alsbald scheiterte und scheitern mußte.

Schiller, der versierte Theoretiker, hatte die Gefahr erkannt, die ihr drohte.[117] Die Idylle dürfe ihr utopisches Profil, die ihr Bestes ausmache, nicht preisgeben. Bewahren aber könne sie es nur, wenn sie den Blick nicht länger zurücklenke ins urzeitliche Arkadien, sondern die künftige Welt antizipiere, den Leser in elysische Gefilde versetze. Aber das in der Urzeit gelegene Arkadien war von den Dichtern bis hin zu Gessner doch stets als ein der Menschheit versprochenes entworfen worden. Also mußte Schiller andere Gründe für seinen Übergang von Arkadien nach Elysium haben.

In Wahrheit sorgte er sich, daß Arkadien mißverstanden, sein Futurisches in ein bereits Existierendes umgedeutet, die Dialektik von Bewegung und Statik getilgt würde und allein letztere das Feld behauptete. Die Geschichte des von Voß begründeten bürgerlichen Epos, in dem Arkadien ein letztes Refugium finden sollte, beweist, daß Schillers Sorgen nur allzu berechtigt waren und sich schon an dem Ahnherrn der neuen Gattung bewahrheiteten. War der bürgerliche gebildete Stand der Motor der Reform im aufgeklärten Absolutismus, mußte er seine Verklärung in eben der Gattung finden, die seit je Dichter und Gelehrte gefeiert hatte.

Vossens ‚Luise‘, in den achtziger Jahren geschrieben, 1795 komplett veröffentlicht, umspannt das entscheidende Dezennium der Revolution.[118] Der Pfarrer von Grünau, Hauptgestalt der Idylle und Vater der

Titelheldin Luise, ist denn auch von Voß als Inbegriff des aufgeklärten, revolutionsbejahenden, kosmopolitischen ‚citoyen' konzipiert, der die Schranken der engen lutherischen Orthodoxie längst hinter sich gelassen hat und zum Apostel der Lessing/Nathanschen Humanitätsphilosophie avanciert ist.

> Ja, vollblühende Segen und himmlische streuet der Vater,
> Welcher den Bogen der Huld ausspannete: Blumen und Früchte!
> Daß wir mit Dank einsammeln und Fröhlichkeit! Denk' ich des Vaters,
> O dann erhebt sich mein Herz, und schwillt von regerer Inbrunst
> Gegen unsere Brüder, die rings die Erde bewohnen:
> Zwar verschieden an Kraft und Verstand; doch alle des Vaters
> Liebe Kindlein, wie wir! von einerlei Brüsten genähret!
> Und nicht lange, so geht in der Dämmerung eins nach dem andern
> Müde zur Ruh, von dem Vater im kühlen Lager gesegnet,
> Hört süßträumend der Winde Geräusch und des tropfenden Regens,
> Schläft, und erwachet gestärkt und verständiger. Kinder, wir freun uns
> Alle vereint, wenn Gottes verklärterer Morgen uns aufweckt!
> ‚Dann erfahren auch wir wahrhaft, daß Gott die Person nicht
> Ansieht; sondern in allerlei Volk, wer ihn fürchtet und recht thut,
> Der ist ihm angenehm!' – O Himmelswonne! wir freun uns,
> Alle, die Gutes gethan nach Kraft und redlicher Einsicht,
> Und die zu höherer Kraft vorleuchteten: freun uns mit Petrus,
> Moses, Konfuz und Homer, dem liebenden, und Zoroaster,
> Und, der für Wahrheit starb, mit Sokrates, auch mit dem edeln
> Mendelssohn! Der hätte den Göttlichen nimmer gekreuzigt![119]

Diese brüderliche Welt – sie spiegelt sich nochmals im Kleinen. Arkadien hält Einzug in die bürgerlich idyllische Pfarrwelt Grünaus. Die Familienbande, auf göttliches Gebot gegründet, sind ungetrübt intakt. Luise, die Augenweide der Eltern, verkörpert die Gessnersche schäferliche Tugend in der neuen bürgerlichen Umgebung rein und unbedingt; unentwegt sorgt sie sich um die Armen, Kranken, Verwaisten. Religion hat sich umgesetzt in praktische Humanität, ganz so wie es den Besten des 18. Jahrhunderts vorschwebte. Selbstbewußt und demütig zugleich wird sie ihrem Verlobten in die neue und doch wohlvertraute pfarrherrliche Existenz folgen. (Abb. 31)

Doch diese familiären Bande werden überhöht und geadelt durch die ständeübergreifenden sozialen. Nicht nur ist das Pfarrhaus in Grünau der gräflichen Herrschaft und deren Tochter in Freundschaft verbunden, auch die Bediensteten sind zuallererst Menschen und wer-

SCHEITELPUNKT UND SATTELZEIT: DIE BÜRGERLICHE IDYLLE 105

Abb. 31: Illustration zur ‚Luise' von Daniel Chodowiecki

den als solche respektiert. So erfüllt die idyllisch-arkadische Welt noch einmal ihre Aufgabe, im Mikrokosmos die große Welt zu umfangen, die als menschheitliche nur eine brüderliche sein kann.

> Aus allen Völkern rauschen dann
> Verklärte Millionen,
> Die brüderlich gesellt fortan
> Den neuen Stern bewohnen!
> Durch Farb' und Glauben nicht getrennt,
> An Sinn und Thaten höher,
> Sind ihm, den selbst kein Jubel nennt,
> Die Brudervölker näher![120]

Diesem groß gedachten, wahrhaft unverächtlichen aufgeklärt-arkadischen Grünau wäre nichts mehr als eine den Intentionen seines Schöpfers gemäße Wirkung im 19. Jahrhundert zu wünschen gewesen. Es kam genau umgekehrt. Was als Prospekt der Verständigung zwischen Völkern, Rassen, Ständen gedacht war, verkümmerte zum spießbürgerlichen Glück im Winkel, sorgfältig abgeschirmt vor der großen Politik, die doch in Voß selbst einen so unermüdlichen Propagator besaß, abgeschirmt aber auch gegen die Fremden, als deutsches familiäres Idyll gehegt gegenüber dem politisierten, vom Feuer der Revolution nicht ablassenden und deshalb beunruhigenden Nachbarn im Westen.

Aber lag diese verunglückte Rezeption wirklich nur an der bekannten deutschen Misere, den verpaßten Revolutionen, der immer wieder triumphierenden Reaktion, nach 1815, nach 1848, nach 1870? Hatte das Werk selbst, hatte die ‚Luise' nicht ungeachtet aller manifesten besseren Absichten zu seiner Karikatur beigetragen? Der betuliche Alte im Schlafrock, umhegt von einer im Dienst sich verzehrenden Pfarrfrau, überhaupt der enge häusliche Aktionsradius der Frauen, das behagliche Haften an den Dingen – war dieses verdinglichte Arkadien dagegen gefeit, statt als Epos der Emanzipation gelesen, umgekehrt als Epopoe kleinbürgerlicher Bescheidung mißverstanden zu werden? Und durfte sich der Bildungsphilister in dieser Lesart nicht bestärkt fühlen durch das zweite, auf Voß folgende und ihn in der Wirkung alsbald überflügelnde Werk in der Reihe der Gattung: Goethes ‚Hermann und Dorothea'?[121]

Goethe hatte sich im Gegensatz zu seinem Vorgänger nicht gescheut, der französischen Revolution als dem Ereignis des Jahrhunderts Eingang in seine Idylle zu gewähren:

> Denn wer leugnet es wohl, daß hoch sich das Herz ihm erhoben,
> Ihm die freiere Brust mit reineren Pulsen geschlagen,
> Als sich der erste Glanz der neuen Sonne heranhob,
> Als man hörte vom Rechte der Menschen, das allen gemein sei,
> Von der begeisternden Freiheit und von der löblichen Gleichheit!
> Damals hoffte jeder, sich selbst zu leben; es schien sich
> Aufzulösen das Band, das viele Länder umstrickte,
> Das der Müßiggang und der Eigennutz in der Hand hielt.
> Schauten nicht alle Völker in jenen drängenden Tagen
> Nach der Hauptstadt der Welt, die es schon so lange gewesen,
> Und jetzt mehr als je den herrlichen Namen verdiente?
> Waren nicht jener Männer, der ersten Verkünder der Botschaft,
> Namen den höchsten gleich, die unter die Sterne gesetzt sind?
> Wuchs nicht jeglichem Menschen der Mut und der Geist und die Sprache?[122]

Doch das ist nur, so bedeutet uns Goethe, die schöne – heute heißt es bei den Konservativen: die ideologische – Außenseite der Revolution. Die geschichtliche Wahrheit sieht anders aus und straft die erhabenen Formeln Hohn.

> Aber der Himmel trübte sich bald. Um den Vorteil der Herrschaft
> Stritt ein verderbtes Geschlecht, unwürdig das Gute zu schaffen.
> Sie ermordeten sich und unterdrückten die neuen
> Nachbarn und Brüder, und sandten die eigennützige Menge.
> Und es praßten bei uns die Obern, und raubten im Großen,
> Und es raubten und praßten bis zu dem Kleinsten die Kleinen;
> Jeder schien nur besorgt, es bleibe was übrig für morgen.
> Allzugroß war die Not, und täglich wuchs die Bedrückung;
> Niemand vernahm das Geschrei, sie waren die Herren des Tages.
> Da fiel Kummer und Wut auch selbst ein gelassnes Gemüt an;
> Jeder sann nur und schwur, die Beleidigung alle zu rächen,
> Und den bittern Verlust der doppelt betrogenen Hoffnung.[123]

War Goethe gefeit gewesen gegen diese trügerischen Hoffnungen? Er zumindest hatte sich nie Illusionen gemacht über das zerstörerische und letztlich verhängnisvolle Wesen von Revolutionen.

> Groß sind Jammer und Not, die über die Erde sich breiten;

weiß Hermann. Und doch:

Abb. 32: Illustration zu ‚Hermann und Dorothea' von J.F. Bolt

Sollte nicht auch ein Glück aus diesem Unglück hervorgehn,
[…].[124]

Goethe installiert es in ‚Hermann und Dorothea' anders als Voß in der ‚Luise' nicht mehr als Prospekt einer umgewälzten politischen Welt, son-

dern als einen in der deutschen Kleinstadt errichteten Damm gegen die
anbrandenden Fluten der Französischen Revolution. (Abb. 32) Hermann
und Dorothea sind gewiß beide ergriffen von dem Weltereignis: Sie als
Flüchtling in einer aus den Fugen geratenen Welt einzig noch darauf be-
dacht, besonnen das Los der Flüchtenden zu mildern, helfend und han-
delnd sich zu verschwenden; er als Kleinbürgerssohn entschlossen, den
engen Radius zu durchbrechen, nicht kleinlich an Besitz und Aufstieg das
Herz zu hängen, sondern furcht- und kompromißlos die kleine Welt zu
öffnen für die Geschicke der Nation. Er verschmäht die gute Partie, um
das Opfer der Revolution heimzuführen. Noch einmal treffen sich die
konträren Welten im arkadisch beschränkten Zirkel; dort die Verlobte
des begeisterten Revolutionärs, der in Paris den Tod findet; hier der
schüchterne und redliche Wirtshaussohn, das revolutionäre Pathos verin-
nerlichend und den deutschen Weg der Revolution proklamierend:

> Nicht dem Deutschen geziemt es, die fürchterliche Bewegung
> Fortzuleiten, und auch zu wanken hierhin und dorthin.
> Dies ist unser! so laß uns sagen und so es behaupten!
> [...] Du bist mein; und nun ist das Meine meiner als jemals.
> Nicht mit Kummer will ichs bewahren und sorgend genießen,
> Sondern mit Mut und Kraft. Und drohen diesmal die Feinde,
> Oder künftig, so rüste mich selbst und reiche die Waffen.
> Weiß ich durch dich nur versorgt das Haus und die liebenden Eltern,
> O, so stellt sich die Brust dem Feinde sicher entgegen.
> Und gedächte jeder wie ich, so stände die Macht auf
> Gegen die Macht, und wir erfreuten uns Alle des Friedens.[125]

Das waren Schlußworte, die Goethes Ruhm in den Befreiungskriegen
gegen Napoleon gehörig steigerten, freilich nicht nur zu seiner Freude,
wie man weiß. Für das Schicksal Arkadiens in seiner letzten Verpup-
pung, der bürgerlichen Idylle, waren sie entscheidend. Immer war der
Entwurf Arkadiens von der Hoffnung getragen gewesen, das vorerst
noch partikulare schäferliche oder ländliche Glück möge einst ein nicht
länger beschränktes, die Stände und Länder übergreifendes werden.
Nun vollzog sich die Revolution in atemberaubender Dynamik, und
Deutschlands größter Dichter nutzte die bürgerlich verjüngte Gattung,
um der politischen Revolution den Stachel zu nehmen und sie in einen
heroischen Akt sittlicher und am Rande auch nationaler Erneuerung
umzudeuten. Die Revolution gleicht einem Schmelztiegel, der das
Überkommene läutert, um es den Empfänglichen als Ursprüngliches
zurückzugeben.

Dieser Akt sittlicher Integration der politischen Aktion ist der nachrevolutionären Gattung teuer zu stehen gekommen. Denn nun schien sie wie keine zweite dazu angetan, den deutschen Sonderweg als einen unpolitischen, pseudopolitischen, vermeintlich höheren, weil moralischen zu rechtfertigen und zu befördern. In welchem politischen Gehäuse denn sollte Hermanns und Dorotheas archaische Gründung von Familie und Besitz und nationaler Selbstbehauptung angesiedelt werden? Goethe hatte sich darüber ausgeschwiegen. Aber sein Schweigen war ein anderes als das seiner pastoralen Vorgänger zwischen Renaissance und Revolution. Sie entwarfen arkadische Gegenbilder inmitten einer ständisch geprägten Umwelt, die sie zunächst partiell im Ringen mit dem bevorrechtigten Adel, dann radikal im Bloßstellen eines korrumpierten Ancien Régime attackierten.

In Goethes Idylle aber wurde die fortgeschrittenste politische Bewegung des Bürgertums sogleich vor das Forum der Kritik gezogen und nicht nur in ihren Auswüchsen, sondern als revolutionäre Aktion selbst in Frage gestellt, um dem gewaltsamen Umbruch die sittliche Läuterung in einem politischen Nirgendwo entgegenzuhalten. Das konnte und mußte der gefährlichen Vorstellung Vorschub leisten, Sitte und Recht seien schließlich unter jeder politischen Ordnung zu behaupten – eine Maxime, die den hergebrachten fürstenstaatlichen Gewalten im 19. Jahrhundert so sehr entgegenkam und die Entwicklung einer politischen Kultur in Deutschland hemmte.

„Goethe führt von Anfang an eine rein bürgerliche Welt vor; die konkreten politischen Bedingungen in Deutschland sind schlicht weggelassen. ‚Hermann und Dorothea' ist nicht das hohe Epos der Konterrevolution, sondern es schuf eine Art politischen Leermythos, in welchem die poetische Imagination von der geschichtsmächtigen Stille durch die reale Revolution eingeholt war und sich die Abstraktion von Politik nurmehr in realer Provinzialität behaupten konnte. [...] Texte sind von ihrer Geschichte nicht freizusprechen. Indem Goethe das Familieninterieur, welches die bürgerliche Idyllik eines Voß im gleichsam naiven vorrevolutionären Zugriff als Heimstatt aufgeklärter Humanität errichtet hatte, im Feuer der Revolution (ein Symbol des Textes selbst) ‚letztenendes' gegen revolutionäres ‚Handeln' abhärtete, hat er paradoxerweise mehr, als dies die Vossische Behaglichkeit je leisten konnte, die Monumentalisierung deutscher Häuslichkeit zum antipolitischen Raum vorbereitet."[126]

XII

Arkadischer Ausklang

Zum Schluß also ein melancholischer Abschied von Arkadien? Nicht einfach, und das heißt nicht unvermittelt ist das Erbe der Arkadien-Dichtung anzutreten. Es führt keine direkte Linie der Tradition zu uns. Die geschlossene arkadische Raum-Utopie verlor um 1800 ihre Authenzität. Sie war in all ihren substantiellen Schöpfungen der geschichtlichen Evolution zugetan, wollte in den politischen Raum hineinwirken, wünschte als Paradigma, Norm, Regulativ gesellschaftlicher Praxis verstanden zu werden. Sie fungierte als kritische Instanz und zog aus dieser Kraft ihr Bestes. Die Leser sollten in der Anschauung der kleinen arkadischen Welt lernen, ihr individuelles und ihr soziales Leben vernünftig, menschenwürdig und frei einzurichten.

Nun waren auch die arkadischen Ideale der Feuerprobe der Revolution unterworfen worden. Doch das Kampfgetümmel war noch nicht verrauscht, da kehrten sie wieder, jetzt aber nicht länger der gesellschaftlichen Umwälzung vorarbeitend, sondern diese abwehrend, nicht selten diffamierend. Das ist die einschneidendste funktionale Wandlung, die die arkadische Dichtung – wie so viele andere Formen – in der europäischen Literaturgeschichte erlebte. Der kleine befriedete Raum steht nicht mehr als Urbild oder Präfiguration des größeren sozialen, sondern kapselt sich ab und verliert damit seine utopische Leuchtkraft. Denn die Utopie war an den sozialen und politischen Entwurf im offenen geschichtlichen Horizont und damit an die direkte oder indirekte Zurückweisung der Hemmnisse in der Wirklichkeit gebunden.

Damit ist in aller Kürze schon der Fluchtpunkt so vieler idyllischer Epen im 19. Jahrhundert bezeichnet, die wir hier nicht mehr besprechen können.[127] Der kleine abgezirkelte Raum mit der idyllischen Natur und den schönen Menschen erscheint nun zunehmend gefährdet von dem draußen herrschenden ‚Chaos': der Industrialisierung, der Formation des vierten Standes, der sozialen Frage und damit der Teilhabe der nicht privilegierten Schichten an der politischen Macht, die immer noch in anachronistischer Fürstenhand lag. Kein Weg, so scheint es, führt aus der ängstlich gehüteten familiären Welt in eine freie und offene Zukunft. Knüpft die Idylle dann noch (wie bei Goethe am Schluß angelegt) ihr mühsam behauptetes Glück im kleinen an nationale Muster, wird die Bewahrung ihrer Ideale dem Deutschen als auszeichnender Auftrag zugesprochen, so lädt sich die bürgerliche Metamorphose der Gattung im 19. Jahrhundert mit nationalen Optionen und Oppositionen auf, die der alteuropäischen Utopie fremd waren und die nur im nationalpolitischen Antagonismus enden konnten. Daß damit nicht alles gesagt ist, daß wir Abweichungen vom Trend kennen – von Hölderlin und Jean Paul über Mörike bis hin zu Keller und Raabe – versteht sich. (Abb. 33)

Was wir jedoch zum Schluß als These wagen dürfen, läßt sich in der Paradoxie andeuten, daß das arkadische Ethos nicht mehr wie bis zum Ende des 18. Jahrhunderts in festen Gattungsgefäßen geborgen zu sein scheint, sondern als momentanes Bild in den verschiedensten dichterischen Formen, ja noch in der Sozialphilosophie und verwandten Äußerungen, aufblitzt.[128]

> Nur die Dichter haben es gefühlt, was die Natur den Menschen seyn kann, [...]. Alles finden sie in der Natur. Ihnen allein bleibt die Seele derselben nicht fremd, und sie suchen in ihrem Umgang alle Seligkeiten der goldnen Zeit nicht umsonst. [...] Ist es denn nicht wahr, daß Steine und Wälder der Musik gehorchen und, von ihr gezähmt, sich jedem Willen wie Hausthiere fügen? – Blühen nicht wirklich die schönsten Blumen um die Geliebte und freuen sich sie zu schmücken? Wird für sie der Himmel nicht heiter und das Meer nicht eben? – Drückt nicht die ganze Natur so gut, wie das Gesicht, und die Geberden, der Puls und die Farben, den Zustand eines jeden der höheren, wunderbaren Wesen aus, die wir Menschen nennen? Wird nicht der Fels ein eigenthümliches Du, eben wenn ich ihn anrede? Und was bin ich anders, als der Strom, wenn ich wehmüthig in seine Wellen hinabschaue, und die Gedanken in seinem Gleiten verliere? Nur ein ruhiges, genußvolles Gemüth wird die Pflanzenwelt, nur ein lustiges Kind oder ein Wilder die Thiere verstehn.[129]

So der frühromantische Dichter Novalis in dem Traktat ‚Die Lehrlinge zu Saïs', der nun keine Idylle mehr ist, sondern im Wechsel aus Erzählung, Märchen und philosophischem Gespräch auf knappstem Raum die Bausteine einer romantischen Naturanschauung zusammenfügt.[130] Wieder sind die arkadischen Assoziationen da: Die orphische Befriedung der Natur, ihre Erhöhung im Umkreis der Liebe, ihre brüderliche

Abb. 33: Bacchanal, Wandteppich nach einem Motiv von Picasso

‚unio' mit dem Menschen – das goldene Zeitalter als poetische Vision versöhnter Welt.

Was diese Texte von so vielen Natur-Idyllen des 19. Jahrhunderts unterscheidet, ist die selbstverständliche Geste der Universalität und Totalität. Noch einmal wird im dichterischen Umgang mit der Welt jener menschheitliche antizipiert, der der Gattung als ganzer in ihrer Zukunft bevorsteht. Und würden wir den Nachklang der arkadischen Verheißung, um nur ein einziges Mal in die Dichtung des 20. Jahrhunderts herüberzublicken, in dem vielleicht kühnsten Romanexperiment der Moderne, in Musils ‚Mann ohne Eigenschaften', vermuten?

Ein geräuschloser Strom glanzlosen Blütenschnees schwebte, von einer abgeblühten Baumgruppe kommend, durch den Sonnenschein; und der Atem, der ihn trug, war so sanft, daß sich kein Blatt regte. Kein Schatten fiel davon auf das Grün des Rasens, aber dieses schien sich von innen zu verdunkeln wie ein Auge. Die zärtlich und verschwenderisch vom jungen Sommer belaubten Bäume und Sträucher, die beiseite standen oder den Hintergrund bildeten, machten den Eindruck von fassungslosen Zuschauern, die, in ihrer fröhlichen Tracht überrascht

und gebannt, an diesem Begräbniszug und Naturfest teilnahmen.
Frühling und Herbst, Sprache und Schweigen der Natur, auch Lebens-
und Todeszauber mischten sich in dem Bild; die Herzen schienen still-
zustehen, aus der Brust genommen zu sein, sich dem schweigenden
Zug durch die Luft anzuschließen.¹³¹

Lebenslänglich kreisten Musils Gedanken um eine Theorie des ‚anderen Zustands'. Die Gespräche der beiden Protagonisten Ulrich und
Agathe sind erfüllt davon. An dieser Stelle aber gelangen sie an ein Ende, münden ein in die Vergegenwärtigung wunschlos vollkommenen
Daseins, die Aura eines frühsommerlichen Gartens.

„Vorgang und Reglosigkeit stehen in schwebendem Gleichgewicht,
und die tiefste Stille ist gleichzeitig geheimnisvoll offenbarende Sprache. Begräbniszug und Naturfest sind eins; verschiedene, im ewigen
Jahresrhythmus getrennte Jahreszeiten, Frühling und Herbst, bilden in
zeitloser Vereinigung den gartenhaft-frühsommerlichen Zustand von
Welt und Seele. ‚Ein von Sommerkräften getragenes Schweben' um-
schließt den Lebens- und Todeszauber des Augenblicks. Klar und
durchsichtig – aber ohne Begrifflichkeit breitet sich der Zustand aus;
nichts ist ohne Bedeutung darin und doch alles von absichtsloser Ge-
löstheit. [...]; kein Konjunktiv verweist auf etwas Unerfülltes. Das seelische Dasein der Geschwister ist für einen Augenblick, den sie als zeit-
los empfinden, vollkommene Gegenwart im Naturereignis. [...] Für
die Spanne dieses Textes sind die Geschwister gemeinsam in den Blü-
ten- und Todeszug eingeschlossen."¹³²

So wie der nicht mehr abgeschlossene dritte Teil des ‚Mannes ohne
Eigenschaften' mit dem Titel ‚Ins tausendjährige Reich' die Erinnerung an die jüdisch-christliche Zeit-Utopie der messianischen Eschato-
logie heraufruft, so die Garten-Szene und -Enklave die abendländische
Raum-Utopie Arkadiens. Hier findet einmal, wie Musil sagt, die ‚Aufhebung des Geistes der Trennung' statt.¹³³ Was aber ist das geheime
Ziel der arkadischen Dichtung und ihrer romantischen Fortschreibung
anderes als eben dieses?

So verlohnte es wohl, den immer noch von arkadischem Geist geprägten Glückschiffren in den Augenblicks-Utopien der modernen Literatur seit der Romantik nachzuspüren; die Ausbeute wäre beträcht-
lich.¹³⁴ Und gälte Ähnliches nicht auch für die große Sozialphilosophie? Ist die Formel von der Naturalisierung des Menschen und der
Humanisierung der Natur, wie sie der junge Marx der Pariser Manuskripte prägt und wie sie der arbeitenden Menschheit aufgegeben
bleibt, verständlich ohne den Hintergrund der romantischen Spiritua-

lisierung der Natur?¹³⁵ Ist nicht gerade vom utopischen Sozialismus der Funke immer wieder übergesprungen zur neomarxistischen Theorie unseres Jahrhunderts? Ist in ihr der alteuropäische wie der romantische Gedanke brüderlicher ‚unio' von Mensch und Natur nicht am reinsten bewahrt, weil er kritischer Gesellschaftstheorie und im besten Fall revolutionär-messianischer Praxis gleichermaßen verschwistert blieb?

Nach Fourier sollte die wohlbeschaffene gesellschaftliche Arbeit zur Folge haben, daß vier Monde die irdische Nacht erleuchteten, daß das Eis sich von den Polen zurückziehen, daß das Meerwasser nicht mehr salzig schmecke und die Raubtiere in den Dienst des Menschen träten. Das alles illustriert eine Arbeit, die, weit entfernt die Natur auszubeuten, von den Schöpfungen sie zu entbinden imstande ist, die als mögliche in ihrem Schoße schlummern.¹³⁶

Leidenschaftlich kreist die kulturelle Debatte um Wesen und Antinomien der Moderne wie der Postmoderne. Einmal – so bei Habermas – ist's der vernünftige Diskurs herrschaftsfreier Kommunikation, der zum Telos der Moderne erklärt wird, ein anderes Mal – so bei Bohrer – die Schrankenlosigkeit einer von allen moralischen, politischen, sozialen Fesseln befreiten ästhetischen Subjektivität.¹³⁷ Der normative Vernunft- und Naturbegriff habe nicht minder abgewirtschaftet als die normative Gesellschaftstheorie, von der Theologie ganz zu schweigen.

Nun erledigen sich große geistige Bewegungen glücklicherweise nicht durch Totenerklärungen. Aber auch das Habermas'sche rationale Kommunikationsmodell bedarf der historischen Vertiefung über Kant hinaus. Wo der Zeitraum zwischen Renaissance und Spätaufklärung aus dem Bild der Moderne herausgesprengt wird, erscheint auch das ‚Projekt Moderne' hoffnungslos verkürzt und verkümmert.¹³⁸ Im Rückgriff auf die griechisch-römische wie die jüdisch-orientalische Tradition hat sich die moderne bürgerliche Welt in der Renaissance geformt.

Die Arkadien-Utopie stand bis zum Ende der Aufklärung im Zentrum dieses Denkens und künstlerischen Schaffens, weil ihr die mannigfachen Formen und Experimente eines geglückten Umgangs mit der Natur ebenso anvertraut waren wie die fiktiven Entwürfe unbeschädigten menschlichen Zusammenlebens. Gerade die ökologische Bewegung, mit ganz neuen politischen und technologischen Fragen konfrontiert, hat allen Anlaß, sich ihrerseits mit diesen Traditionen zu sättigen. Ist doch nicht nur die entfaltete bürgerliche Gesellschaft seit dem 19. Jahrhundert unfähig gewesen, das große Erbe der Natur-Befriedung aus ihrer vorrevolutionären Aufstiegsphase zu wahren. Auch

Abb. 34: Pan, Lithographie von Pablo Picasso

in die Sozialdemokratie drang mit dem Kult der Arbeit die frevelhafte Vorstellung ein, daß Natur gratis sei, wogegen dann Benjamin und Bloch sich so lebhaft zur Wehr setzten.[139]

Im gigantischen Ringen der Weltmächte hat sich nicht nur das Kapital seinem Expansionsgesetz gemäß unwiderruflicher Ausbeutung und Vernichtung der Natur schuldig gemacht. Auch die sozialistische Praxis hat sich unter dem gnadenlosen Zwang der Konkurrenz weit von ihren theoretischen Ursprüngen, für die uns die Namen Marxens und Fouriers einstanden, entfernt.

Heute wissen wir, daß die Menschheit nicht überleben wird, wenn sie ihrer ungeplanten naturwüchsigen Expansion auf der Erde wie im Kosmos nicht ein Ende bereitet. Wie aber soll dem Raubbau gewehrt werden, wo die Jagd um Märkte und billige Ressourcen mit den ökologischen Erfordernissen zunehmend kollidiert? In der sozialistischen Theorie ist das Gesetz der Akkumulation prinzipiell gebrochen durch das Gebot eines Austauschprozesses zwischen Mensch und Natur, der beiden zugutekommt.

Ihre Faszination in der Auseinandersetzung mit dem Kapitalismus wird daher in dem Maße wachsen, wie der demokratische Gedanke sie durchdringt. Aber wird der Menschheit die Zeit bleiben, ihren Umgang mit der Natur neu zu definieren und in die Praxis umzusetzen? Niemand weiß es, und am wenigsten in unserem Land, das in diesen Tagen ein so blamables Schauspiel vor der Welt im ängstlichen zukunftslosen Klammern an den vermeintlichen atomaren Schutz bietet.[140]

Eins indes ist gewiß: Die bei Strafe des Untergangs fällige Erneuerung wird auf die alteuropäischen Bilder verantwortlichen Umgangs mit der Natur nicht verzichten dürfen und nicht verzichten können, wenn anders sie die Wurzeln ihres Denkens und Handelns nicht verleugnen will. In diesem Sinn gilt von der alteuropäischen Arkadien-Utopie noch immer: ‚Tua res agitur!' (Abb. 34)

Anmerkungen

1 Hier zitiert nach: Johann Wolfgang Goethe: Faust. Texte. Hrsg. von Albrecht Schöne. – Frankfurt a.M.: Deutscher Klassiker Verlag 1994 (Johann Wolfgang Goethe. Sämtliche Werke. Briefe, Tagebücher und Gespräche. 1. Abteilung: Sämtliche Werke; 7/1), S. 370 f. Hinzuzunehmen die einen ganzen Band füllenden ‚Kommentare' von Albrecht Schöne (Sämtliche Werke; 7/2). Hier die ‚Arkadien' gewidmeten Kommentare S. 618-639. Es verlohnt sich durchaus, auch die Kommentare in den leicht greifbaren weiteren neueren Ausgaben hinzuzuziehen. So etwa: Goethe: Faust. Der Tragödie erster und zweiter Teil. Urfaust. Herausgegeben und kommentiert von Erich Trunz. – München: Beck-Verlag 1975. Die Sonderausgabe – 1996 in 16., überarbeiteter Auflage vorliegend! – wurde von Trunz bis in sein Todesjahr 1996 stets weiter betreut und um die neuere Literatur ergänzt. Sie liegt auch im Rahmen der Taschenbuch-Ausgabe als Band 3 bei dtv vor. Hier die Arkadien-Passage S. 286 ff. mit dem Kommentar S. 660 ff., speziell S. 682 ff. – Johann Wolfgang Goethe: Letzte Jahre 1827-1832. Hrsg. von Gisela Henckmann und Dorothea Hölscher-Lohmeyer. – München: Hanser 1996 (Sämtliche Werke nach Epochen seines Schaffens. Münchner Ausgabe. Band 18.I). Taschenbuch-Ausgabe 2007. Hier S. 264 ff. die Arkadien-Partie mit dem Kommentar S. 922 ff., speziell S. 982 ff.
2 Grundlegend und herausragend in der geschichtsphilosophischen Erschließung Wilhelm Emrich: Die Symbolik von ‚Faust II'. Sinn und Vorformen. 3., durchges. Aufl. – Wiesbaden: Athenaion 1964. Hier das 5. Kapitel ‚Die Schichtung des 3. Aktes und ihre Vorformen' mit den beiden Abschnitten: ‚Krieg und Arkadien und das Verhältnis des Heroisch-Dämonischen zum Idyllischen bei Goethe' sowie ‚Die Stellung Arkadiens zwischen Natur und Geschichte in Goethes Klassik'. Des weiteren: Hans Möbius: Die griechischen Landschaften in Goethes Faust. – In: Antike und Abendland 4 (1954), S. 204-215; Horst Rüdiger: Weltliteratur in Goethes ‚Helena'. – In: Jahrbuch der Deutschen Schillergesellschaft 8 (1964), S. 172-198; Joachim Müller: Faust und Helena. Der arkadische Traum. Genese und dramatisches Medium. – In:

Jahrbuch des Wiener Goethe-Vereins 86-88 (1982-1984), S. 199-227. Zum berühmten Arkadien-Bild in Goethes ‚Tasso' vgl. die schöne Abhandlung von Lieselotte Blumenthal: Arkadien in Goethes ‚Tasso'. – In: Goethe. Neue Folge des Jahrbuchs der Goethe-Gesellschaft 21 (1959), S. 1-24.

3 Richard Alewyn: Goethe und die Antike. – In: Das humanistische Gymnasium 43 (1932), S. 114-124. Wiederabgedruckt in: Alewyn: Probleme und Gestalten. Essays. – Frankfurt a.M.: Insel 1974, S. 255-270. Das Zitat hier S. 267 f.

4 Vgl. nochmals Emrich: Die Symbolik von ‚Faust II' (Anm. 2), mit dem Abschnitt ‚Die Bildschichten Euphorions und ihre naturphilosophischen und kunstphänomenologischen Hintergründe'.

5 Zitiert nach der oben Anm. 1 aufgeführten Faust-Edition Albrecht Schönes. S. 380 f.

6 Ich greife im folgenden zurück auf ein noch unveröffentlichtes Werk zur europäischen Arkadien-Utopie. Die daraus abgezweigten Einzel-Beiträge findet man versammelt in drei Büchern: Klaus Garber: Imperiled Heritage: Tradition, History, and Utopia in Early Modern German Literature. Selected Essays. Edited and with an Introduction by Max Reinhart. – Aldershot, Singapore, Sidney: Ashgate 2000 (Studies in European Cultural Transition; 5); ders.: Literatur und Kultur im Europa der Frühen Neuzeit. Gesammelte Studien. – München: Fink 2009; ders.: Literatur und Kultur im Deutschland der Frühen Neuzeit. Gesammelte Studien. – München: Fink 2010. Einen Überblick habe ich zu geben versucht in: Arkadien und Gesellschaft. Skizze zur Sozialgeschichte der Schäferdichtung als utopischer Literaturform Europas. – In: Utopieforschung. Interdisziplinäre Studien zur neuzeitlichen Utopie. Band I-III. Hrsg. von Wilhelm Voßkamp. – Stuttgart: Metzler 1982. Band II, S. 37-81 (auch als suhrkamp-taschenbuch der wissenschaft. Band 1159, 1985). Jetzt in: Literatur und Kultur im Europa der Frühen Neuzeit, S. 229-274.

7 Zur Gestalt des Daphnis vgl. die gleichnamigen Artikel in: Ausführliches Lexikon der griechischen und römischen Mythologie. Hrsg. von W.H. Roscher. Band I. Erste Abteilung. – Leipzig: Teubner 1884-1886, Sp. 955-961 (Stoll); Realencyclopädie der classischen Altertumswissenschaft. Hrsg. von Pauly-Wissowa. Band VIII. – Stuttgart: Metzlersche Verlagsbuchhandlung 1901, Sp. 2141-2146 (Knaack); Der Kleine Pauly. Lexikon der Antike. Auf der Grundlage von Pauly's Realencyclopädie der classischen Altertumswissenschaft unter Mitwirkung zahlreicher Fachgelehr-

ter bearbeitet und herausgegeben von Konrat Ziegler und Walther Sontheimer. Band I. – München: Deutscher Taschenbuch Verlag 1964, Sp. 1384 (v. Geisau). In: Der Neue Pauly. Enzyklopädie der Antike. Hrsg. von Hubert Cancik und Helmuth Schneider. Band III. – Stuttgart, Weimar: Metzler 1997, Sp. 315, befindet sich ein äußerst verknappter Eintrag von Gerhard Baudy, weswegen das Grundwerk von Pauly und Wissowa weiterhin heranzuziehen ist. In: Reallexikon für Antike und Christentum. Hrsg. von Theodor Klauser. Band III. – Stuttgart: Anton Hiersemann 1957, ist wohl ein Artikel über Daphne vorhanden, ein entsprechender über Daphnis und damit über eine Zentralfigur antik-christlicher Symbiose fehlt jedoch! Hier jeweils die gesamte ältere, an dieser Stelle nicht zu wiederholende Literatur. Vgl. auch Günter Wojaczek: Daphnis. Untersuchungen zur griechischen Bukolik. – Meisenheim/Glan: Hain 1969. Dazu Reinhold Merkelbach: Roman und Mysterium in der Antike. – München, Berlin: Beck 1962, S. 192 ff.

8 Zitiert nach: Theokrit. Die echten Gedichte. Deutsch von Emil Staiger. – Zürich, Stuttgart: Artemis 1970. ‚Die Thalysien‘ (Idyll 7), Vers 75-78, S. 63.

9 Vgl. den umsichtigen Berichterstatter zur Gestalt des Daphnis Knaack in der Anm. 7 zitierten ‚Realencyclopädie der classischen Altertumswissenschaft‘, dem wir durchweg folgen. Hier auch die einzelnen Quellennachweise. Hinzunehmen sind die Artikel ‚Bukolik‘ von Knaack in der ‚Realencyclopädie der classischen Altertumswissenschaft‘, Band V (1897), Sp. 998-1012, und von Ernst Günther Schmidt im ‚Kleinen Pauly‘, Band I (1975), Sp. 964-966, sowie die Artikel ‚Stesichoros‘ von Maas in der ‚Realencyclopädie der classischen Altertumswissenschaft‘, Band VI (A) (1929), Sp. 2458-2462, von Max Treu in der ‚Realencyclopädie der classischen Altertumswissenschaft‘, Supplementband XI (1968), Sp. 1253-1256, und von Walther Kraus im ‚Kleinen Pauly‘, Band V (1975), Sp. 367 f. Jetzt die Eintragungen von Marco Fantuzzi, Marten Stol und Karl-Heinz Stanzel im ‚Neuen Pauly‘, Band II (1997), Sp. 828-835, und von Klaus Garber in: Reallexikon der Deutschen Literaturwissenschaft, gemeinsam mit Harald Fricke, Klaus Grubmüller und Jan-Dirk Müller herausgegeben von Klaus Weimar. – Berlin, New York: de Gruyter. Band I (1997), Sp. 287-291. Zur Frage des Ursprungs und damit der vortheokritischen, um die Gestalt des Daphnis gruppierten Bukolik immer noch höchst lesenswert das Kapitel ‚Daphnis im bukolischen Lied‘

in Richard Reitzenstein: Epigramm und Skolion. Ein Beitrag zur Geschichte der Alexandrinischen Dichtung. – Giessen: Ricker 1893, S. 243-263 (im Rahmen eines größeren Kapitels ‚Die Bukolik‘, S. 193-265). Dazu die bekannte Arbeit von Ulrich von Wilamowitz-Moellendorff: Sappho und Simonides. Untersuchungen über griechische Lyriker. – Berlin: Weidmann 1913, S. 233-242: Der Dichter mit dem Namen Stesichoros. Weitere Literatur bei Philip Brize: Die Geryoneis des Stesichoros und die frühe griechische Kunst. – Würzburg: Triltsch 1980 (Beiträge zur Archäologie; 12), S. 109, Anm. 15.

10 Vgl. zu Theokrit den Sammelband: Theokrit und die griechische Bukolik. Hrsg. von Bernd Effe. – Darmstadt: Wissenschaftliche Buchgesellschaft 1986 (Wege der Forschung; 580). Hier auch ein Beitrag von R.M. Ogilvie: The Song of Thyrsis (1962), S. 168-175. Desgleichen befindet sich in dem Band auch eine Bibliographie (S. 439-456). Die Arbeiten zum ersten Idyll sind auf S. 445 aufgeführt. Besonders lebhaft diskutiert wurde das Werk von Thomas G. Rosenmeyer: The Green Cabinet. Theocritus and the European Pastoral Lyric. – Berkeley, Los Angeles: University of California Press 1969. Dazu Gilbert Lawall: The Green Cabinet and the Pastoral Design. Theocritus, Euripides and Tibullus. – In: Ancient Pastoral. Ramus Essays on Greek and Roman Pastoral Poetry. Edited by A.J. Boyle. – Berwick/Victoria: Aureal Publications 1975, pp. 5-18. Vgl. von Lawall auch: Theocritus' Coan Pastorals. A Poetry Book. – Cambridge/Mass: Harvard University Press 1967 (Publications of the Center for Hellenic Studies). Schließlich in diesem Zusammenhang: Charles Segal: Poetry and Myth in Ancient Pastoral. Essays on Theocritus and Virgil. – Princeton/N.J.: Princeton University Press 1981, pp. 25-234.

11 Wojaczek: Daphnis (Anm. 7), S. 29.

12 Vgl. dazu Reinhold Merkelbach: Die Hirten des Dionysos. Die Dionysos-Mysterien der römischen Kaiserzeit und der bukolische Roman des Longus. – Stuttgart: Teubner 1988.

13 Konrat Ziegler: Artikel ‚Orpheus‘. – In: ‚Der Kleine Pauly‘ (Anm. 7), Band IV (1979), Sp. 351-356. Hier das Zitat Sp. 352. Vgl. auch die gleichlautende Passage in dem gleichnamigen großen Artikel des gleichen Vf. in der ‚Realencyclopädie der classischen Altertumswissenschaft‘ (Anm. 7), Band XVIII (1939), Sp. 1200-1316 (Nachtrag 1318), Sp. 1247.

14 Ernst A. Schmidt: Poetische Reflexion. Vergils Bukolik. – München: Fink 1972, S. 204.

15 Damit findet zugleich eine von Merkelbach und Wojaczek (vgl. Anm. 7 und 12) eingeleitete (freilich zu einseitig exponierte) Lesung des ersten Theokritischen Idylls ihre Bestätigung.
16 Vgl. Vinzenz Buchheit: Der Dichter als Mystagoge <Vergil, ecl. 5>. – In: Atti del Convegno Virgiliano sul Bimillenario delle Georgiche. Napoli 17-19 Dicembre 1975. – Napoli: Istituto Universitario Orientale 1977, S. 203-219, S. 205. Hier auch weitere Literatur. Dazu die tiefdringende Untersuchung des gleichen Verfassers: Der Anspruch des Dichters in Vergils Georgika. Dichtertum und Heilsweg. – Darmstadt: Wissenschaftliche Buchgesellschaft 1972 (Impulse der Forschung; 8).
17 Buchheit: Der Dichter als Mystagoge, S. 206 f.
18 Hier zitiert in der Übersetzung Rudolf Alexander Schröders. Vgl. Vergil Bucolica. Hirtengedichte. Lateinisch & in deutscher Übersetzung von Rudolf Alexander Schröder mit Holzschnitten von Aristide Maillol. – Frankfurt a.M.: Suhrkamp 1952, Vers 29-31, S. 49.
19 Vgl. nochmals Buchheit: Der Dichter als Mystagoge (Anm. 16), S. 209: Hier heißt es zur Daphnis-Passage:
Daphnis et Armenias subiungere tigris
instituit, Daphnis thiasos inducere Bacchi
et foliis lentas intexere mollibus hastas (29-31).
„Gleich der erste Vers weckte beim antiken Leser die Erinnerung an Dionysos, der als Triumphator von Indien heimkehrte mit gebändigten Tigern als Zugtieren. Er ist es, der das Böse besiegt und eine neue Glückszeit gebracht hat samt der verschwenderischen Fülle des als sagenhaft reich geltenden Indien. Alexander hat seinen Zug nach Indien als Rivalisieren mit Dionysos verstanden. Dies blieb ein festes Element in den Enkomien auf Alexander. Römische Feldherren und Herrscher, insbesondere Pompeius, Antonius und Caesar, sowie Oktavian, rivalisierten ihrerseits mit Alexander (und Dionysos).
Diese Fähigkeit des Dionysos ist auf Daphnis übergegangen. Als Myste des Dionysos wird er zum bukolischen Neubegründer (,instituit') dionysischer Mysterien und gibt sie als ,magister' (V. 40) weiter durch den Vollzug des ,thiasus Bacchi' und die Schmückung des Thyrsos mit Wein und Efeu. Daphnis, der ,magister pastorum', weiht also in dionysische Mysterien ein und lehrt andere, dasselbe zu tun. Die beiden Hirtensänger Mopsus und Menalcas vollziehen dies mit ihren Liedern.
Hirtendichtung, von Daphnis gelehrt, bringt deshalb nichts Geringeres als den Nachvollzug dionysischer Wirklichkeit, wie sie die

Mysten des Dionysos erfahren: Überwindung des Wilden und Bösen, Glückszeit und Hoffnung auf Unsterblichkeit."
20 Ulrich von Wilamowitz-Moellendorff: Der Glaube der Hellenen. Band I-II. – Berlin: Weidmann 1931-1932. Reprint Darmstadt: Wissenschaftliche Buchgesellschaft 1955 bzw. 1984. Das Zitat hier Band II, S. 154.
21 Wilamowitz-Moellendorff: Der Glaube der Hellenen, Band II, S. 68 f.
22 Theokrit: Die echten Gedichte (Anm. 8), erstes Idyll ‚Thyrsis', S. 35, Vers 100-103. Vgl. auch Euripides: Hippolytos. Griechisch und deutsch von Ulrich von Wilamowitz-Moellendorff. – Berlin: Weidmann 1891. Hier S. 113 ff. der Monolog des Hippolytos, anhebend:
Zeus, warum musstest du das weib erschaffen?
ein übel ist's von falschgemünztem glanz.
wenn du das menschenvolk fortpflanzen wolltest,
so hättest du des weibs entraten sollen.
wir konnten ja für silber, gold und erz
aus deinen tempeln uns die knäblein kaufen,
dem wert entsprechend ihren preis erlegend,
und ohne frauen frei zu hause wohnen.
ein übel ist das weib: […].
23 Vgl. Wojaczek: Daphnis (Anm. 7), S. 34.
24 Theokrit: Die echten Gedichte (Anm. 8), erstes Idyll ‚Thyrsis', Vers 115-118, S. 36.
25 Vers 144-145, S. 38.
26 Vgl. Buchheit: Der Dichter als Mystagoge (Anm. 16), S. 211.
27 Vergil: Bucolica (Anm. 18), Ecl. V, Vers 40-44, S. 49.
28 „tu nunc eris alter ab illo". Ecl. V, Vers 48, S. 48 bzw. S. 49.
29 Ecl. V, Vers 58-61, S. 51.
30 Vgl. Jürgen Ebach: Ende des Feindes oder Ende der Feindschaft? Der Tierfrieden bei Jesaja und Vergil. – In: Ebach: Ursprung und Ziel. Erinnerte Zukunft und erhoffte Vergangenheit. Biblische Exegesen, Reflexionen, Geschichten. – Neukirchen-Vluyn: Neukirchener Verlag 1986, S. 75-89. Dazu die fünf Studien von Klaus Garber unter dem gemeinsamen Titel ‚Pax terrena – pax coelestis', in: Garber: Literatur und Kultur im Europa der Frühen Neuzeit (Anm. 6), S. 505-657.
31 Vgl. neben den zitierten Arbeiten von Vinzenz Buchheit vor allem auch: Friedrich Klingner: Virgil. Bucolica – Georgica – Aeneis. – Zürich, Stuttgart: Artemis 1967, S. 95 ff.

32 Das Zitat entstammt dem Artikel ‚Arkadien' und ist zu finden in: ‚Meyers enzyklopädisches Lexikon'. Band II. – Mannheim, Wien, Zürich: Bibliographisches Institut 1973, S. 594. Vgl. in diesem Zusammenhang insbesondere Florens Felten: Arkadien. – In: Antike Welt. Zeitschrift für Archäologie und Kulturgeschichte. 18. Jahrgang (1987), Sondernummer.
33 Bruno Snell: Arkadien, die Entdeckung einer geistigen Landschaft. – In: Antike und Abendland 1 (1945), S. 26-41. Wiederabgedruckt in: Snell: Die Entdeckung des Geistes. Studien zur Entstehung des europäischen Denkens bei den Griechen. 4., neubearb. Aufl. – Göttingen: Vandenhoeck & Ruprecht 1975, S. 257-274. Das Zitat hier S. 257. Ebenso sei verwiesen auf Ernst Panofsky: ‚Et in Arcadia ego': Poussin and the Elegiac Tradition. – In: Panofsky: Meaning in the Visual Arts. Papers in and on Art History. – New York: Doubleday 1955 (Anchor Books), pp. 295-320 (Abbildungen Nr. 90-95). Vielfach abweichender Erstdruck dieser berühmten Abhandlung unter dem Titel: ‚Et in Arcadia ego. On the Conception of Transience in Poussin and Watteau'. – In: Philosophy & History. Essays Presented to Ernst Cassirer. Edited by Raymond Klibansky and H.J. Paton. – Oxford: Clarendon Press 1966, pp. 223-254. Erste deutsche Version von Florens Felten in: Europäische Bukolik und Georgik. Hrsg. von Klaus Garber. – Darmstadt: Wissenschaftliche Buchgesellschaft 1976 (Wege der Forschung; 355), S. 271-305. Parallel dazu erschien der Text auch in der deutschen Übersetzung von ‚Meaning in the Visual Arts' Panofskys: Sinn und Deutung in der bildenden Kunst. – Köln: DuMont Schauberg 1975 (dumont kunst-taschenbücher; 33), S. 351-377. Der gleich berühmte Snellsche Aufsatz wurde auf der Basis der 3., neu durchgesehenen und abermals erweiterten Auflage von ‚Die Entdeckung des Geistes' (Hamburg: Clasen 1955) ebenfalls aufgenommen in den Sammelband ‚Europäische Bukolik und Georgik' (siehe oben in dieser Anmerkung!) S. 14-43.
34 Vergil: Bucolica (Anm. 18), Ecl. I, Vers 1-18, S. 7-9.
35 Ernst Robert Curtius: Europäische Literatur und Lateinisches Mittelalter. 2., durchges. Aufl. – Bern: Francke 1954, S. 197.
36 Das haben vor allem Vinzenz Buchheit und Friedrich Klingner gezeigt. Vgl. neben der oben Anm. 16 zitierten Monographie von Buchheit und der in Anm. 31 zitierten Monographie von Klingner von letzterem vor allem auch: Römische Geisteswelt. 4., verm. Aufl. – München: Ellermann 1961. Die vier Vergil-Beiträge hier S. 239 ff.

37 Vergil: Bucolica (Anm. 18), Ecl. I, Vers 46-58, 64-78, S. 11-13.
38 Ecl. I, Vers 79-83, S. 13.
39 Das ist in der deutschen Latinistik vor allem von Vinzenz Buchheit und Friedrich Klingner gezeigt worden. Von Buchheit sei in diesem Zusammenhang auch verwiesen auf: Vergil über die Sendung Roms. Untersuchungen zum Bellum Poenicum und zur Aeneis. – Heidelberg: Winter 1963 (Gymnasium. Beihefte; 3). Sehr förderlich auch in dieser Hinsicht der Vergil-Artikel von Karl Büchner in der ‚Realencyclopädie der classischen Altertumswissenschaft' (Anm. 7), Band XV (A) (1955) und Band XVI (A) (1958), Sp. 1021-1264 und Sp. 1265-1486. Er ist auch separat als Buch erschienen: P. Vergilius Maro. Der Dichter der Römer. – Stuttgart: Druckenmüller 1955.
40 Klingner: Römische Geisteswelt (Anm. 36), S. 300 f.
41 Die Literatur zur vierten Ekloge ist unübersehbar. Ein gezielter und leicht zugänglicher rezeptionsgeschichtlicher Verweis mit zahlreicher weiterer Literatur: Stephen Benko: Virgil's Fourth Eclogue in Christian Interpretation. – In: Aufstieg und Niedergang der Römischen Welt II. Band XXXI/1. – Berlin, New York: de Gruyter 1980, S. 646-705. Dazu Walther Kraus: Vergils vierte Ekloge. Ein kritisches Hypomnema. A.a.O., S. 604-645. Vgl. auch Ward W. Briggs: A Bibliography of Virgil's ‚Eclogues' <1927-1977>. – In: Aufstieg und Niedergang der Römischen Welt II. Band XXXI/2. – Berlin, New York: de Gruyter 1981, S. 1267-1357, S. 1311-1325, S. 1342 f. Jetzt neuerdings die Literatur bei Michael von Albrecht: Vergil. Bucolica – Georgica – Aeneis. Eine Einführung. – Heidelberg: Winter 2006 (Heidelberger Studienhefte zur Altertumswissenschaft).
42 Vgl. Ernst Bloch: Arkadien und Utopien. – In: Gesellschaft, Recht und Politik. Festschrift Wolfgang Abendroth. Hrsg. von Heinz Maus in Zusammenarbeit mit Heinrich Düker, Kurt Lenk, Hans-Gerd Schumann. – Neuwied, Berlin: Luchterhand 1968 (Soziologische Texte; 35), S. 39-44. Wiederabgedruckt in: Europäische Bukolik und Georgik (Anm. 33), S. 1-7.
43 Vgl. Theodor Konrad Kempf: Christus der Hirt. Ursprung und Deutung einer altchristlichen Symbolgestalt. – Rom: Officium Libri Catholici 1942.
44 Wolfgang Schmid: Tityrus Christianus. Probleme religiöser Hirtendichtung an der Wende vom vierten zum fünften Jahrhundert. – In: Rheinisches Museum für Philologie N.F. 96 (1953), S. 101-165. In einer 1975 überarbeiteten und reichhaltig mit Exkursen,

Forschungsberichten und weiterer Literatur ausgestatteten Version neuerlich zum Abdruck gekommen in: Europäische Bukolik und Georgik (Anm. 33), S. 44-121. Das vorgelegte Zitat hier S. 59 ff. Vgl. von Schmid auch: Eine frühchristliche Arkadienvorstellung. – In: Convivium. Festschrift Konrat Ziegler. – Stuttgart: Druckenmüller 1954, S. 121-130.

45 Es gibt keine Gesamtdarstellung zur Bukolik der Renaissance. Sie müßte durch ein knappes Dutzend nationaler Literaturen führen und außerdem die in Ländern Europas gepflegte neulateinische Hirtendichtung berücksichtigen. Was bis in die Mitte der siebziger Jahre an einschlägiger Literatur vorlag, findet man zusammengeführt in dem vom Verfasser zusammengestellten Sammelband ‚Europäische Bukolik und Georgik' (Anm. 33) mit wichtigen Aufsätzen zur europäischen Schäfer- und Landlebendichtung und einer erstmals die gesamte europäische Tradition dokumentierenden Bibliographie der Forschungszeugnisse (S. 483-529). Die seither erschienenen, besonders wichtigen Arbeiten, findet man in einer Auswahl-Bibliographie in diesem Band versammelt.

46 Vgl. dazu die Einleitung zu dem Band ‚Europäische Bukolik und Georgik' (Anm. 33), die in Kürze wiederabgedruckt sein wird in dem Werk von Klaus Garber: Literatur und Kultur im Deutschland der Frühen Neuzeit. Gesammelte Studien (Fink-Verlag).

47 Eine große Untersuchung zu den neulateinischen Eklogen Dantes, Petrarcas und Boccaccios fehlt leider immer noch. Den einzuschlagenden Weg bahnte der allzu früh verstorbene Neolatinist Konrad Krautter: Die Renaissance der Bukolik in der lateinischen Literatur des XIV. Jahrhunderts: von Dante bis Petrarca. – München: Fink 1983 (Theorie und Geschichte der Literatur und der Schönen Künste; 65). Vgl. auch die ebenfalls im wesentlichen der italienischen neulateinischen Ekloge gewidmete Arbeit von Margarethe Stracke: Klassische Formen und neue Wirklichkeit. Die lateinische Ekloge des Humanismus. – Gerbrunn bei Würzburg: Lehmann 1981 (Romania Occidentalis; 2). Die Untersuchung von Leonard W. Grant: Neo-Latin Literature and the Pastoral. – Chapel Hill: University of North Carolina Press 1965, ist im wesentlichen eine stoffliche Bestandsaufnahme ohne weiterreichende exegetische Ansprüche.

48 Die einschlägige Literatur zur neulateinischen Ekloge findet man zusammengestellt in einer Interpretation der ‚Ecloga Daphnis' des Martin Opitz, die der Verfasser dieser Schrift vor zwanzig Jahren in der Urfassung in der Universitätsbibliothek zu Vilnius wieder-

entdeckte und der er eine eigene Abhandlung in einem Band mit drei Studien widmete. Vgl. Klaus Garber: Martin Opitz, Paul Fleming und Simon Dach auf der Reise in den Osten (Im Druck). Man findet das Werk in Kürze auch in der großen zweisprachigen Edition der neulateinischen Texte von Opitz, die Veronika Marschall und Robert Seidel vorbereiten.

49 Auch eine Gesamtdarstellung der deutschsprachigen Bukolik des 17. Jahrhunderts fehlt. Sie eben soll mit dem oben Anm. 4 zitierten Werk zur europäischen Arkadien-Utopie erarbeitet werden, in dessen Mittelpunkt die deutsche Schäfer- und Landlebendichtung des 17. Jahrhunderts stehen wird. Es kann derzeit auf keine irgend befriedigende, das heißt alle Spielarten gleichermaßen einbeziehende Darstellung verwiesen werden. Zu Einzelnem jeweils unten am Ort.

50 (Georg Philipp Harsdörffer, Johann Klaj:) Pegnesisches Schaefergedicht/ in den Berinorgischen Gefilden/ angestimmet von Strefon und Clajus. Nürnberg/ bey Wolfgang Endter. 1644, S. 20 f. Hier zitiert nach dem Reprint: Georg Philipp Harsdörffer, Sigmund von Birken, Johann Klaj: Pegnesisches Schäfergedicht 1644-1645. Hrsg. von Klaus Garber. – Tübingen: Niemeyer 1966 (Deutsche Neudrucke. Reihe: Barock; 8). In einem Neusatz ist das ‚Pegnesische Schäfergedicht' leicht greifbar in: Die Pegnitz-Schäfer. Nürnberger Barockdichtung. Hrsg. von Eberhard Mannack. – Stuttgart 1968 (Reclam Universal-Bibliothek; 8545), S. 18-64.

51 Vgl. zu ihm die Untersuchung von Conrad Wiedemann: Johann Klaj und seine Redeoratorien. Untersuchungen zur Dichtung eines deutschen Barockmanieristen. – Nürnberg: Carl 1966 (Erlanger Beiträge zur Sprach- und Kunstwissenschaft; 26). Hier S. 6 ff. eine Biographie des Dichters.

52 Zu Harsdörffer vgl. das Porträt von Irmgard Böttcher: Der Nürnberger Georg Philipp Harsdörffer. – In: Deutsche Dichter des 17. Jahrhunderts. Ihr Leben und Werk. Unter Mitarbeit zahlreicher Fachgelehrter hrsg. von Harald Steinhagen, Benno von Wiese. – Berlin: Schmidt 1984, S. 289-346.

53 Vgl. ‚der Franken Rom'. Nürnbergs Blütezeit in der zweiten Hälfte des 17. Jahrhunderts. Hrsg. von John Roger Paas. – Wiesbaden: Harrassowitz 1995; Klaus Garber: Nuremberg, Arcadia on the Pegnitz: The Self-Stylization of an Urban Sodality. – In: Garber: Imperiled Heritage (Anm. 6), pp. 117-208; Renate Jürgensen: Utile cum dulci – Mit Nutzen erfreulich. Die Blütezeit des Pegnesischen Blumenordens in Nürnberg 1644 bis 1744. – Wiesbaden:

Harrassowitz 1994; dies.: Melos conspirant singuli in unum. Repertorium bio-bibliographicum zur Geschichte des Pegnesischen Blumenordens in Nürnberg (1644-1744). – Wiesbaden: Harrassowitz 2006 (Beiträge zum Buch- und Bibliothekswesen; 50).

54 Pegnesisches Schäfergedicht (Anm. 50), S. 10 f.

55 Vgl. Klaus Garber: Vergil und das ‚Pegnesische Schäfergedicht'. Zum historischen Gehalt pastoraler Dichtung. – In: Deutsche Barockliteratur und europäische Kultur. Hrsg. von Martin Bircher, Eberhard Mannack. – Hamburg: Hauswedell 1977 (Dokumente des Internationalen Arbeitskreises für Deutsche Barockliteratur; 3), S. 168-203.

56 Vgl. Klaus Garber: Martin Opitz' ‚Schäferei von der Nymphe Hercinie' als Ursprung der Prosaekloge und des Schäferromans in Deutschland. – In: Martin Opitz. Studien zu Werk und Person. Hrsg. von Barbara Becker-Cantarino. – Amsterdam: Rodopi 1982 (Daphnis; 11, 1982), S. 547-603.

57 Vgl. Klaus Garber: Der locus amoenus und der locus terribilis. Bild und Funktion der Natur in der deutschen Schäfer- und Landlebendichtung des 17. Jahrhunderts. – Köln, Wien: Böhlau 1974 (Literatur und Leben. N.F.; 16), S. 111 ff.

58 Vgl. Klaus Garber: Utopia. Zur Naturdichtung der Frühen Neuzeit. – In: Respublica Guelpherbytana. Wolfenbütteler Beiträge zur Renaissance- und Barockforschung. Festschrift Paul Raabe. Hrsg. von August Buck, Martin Bircher. – Amsterdam: Rodopi 1987 (Chloe, Beihefte zum Daphnis; 6), S. 435-455.

59 Zu Sigmund von Birken vgl. Klaus Garber: Sigmund von Birken. Städtischer Ordenspräsident und höfischer Dichter. Historisch-soziologischer Umriß seiner Gestalt – Analyse seines Nachlasses und Prolegomenon zur Edition seines Werkes. – In: Sprachgesellschaften, Sozietäten, Dichtergruppen. Hrsg. von Martin Bircher, Ferdinand van Ingen. – Hamburg: Hauswedell 1978 (Wolfenbütteler Arbeiten zur Barockforschung; 7), S. 223-254; Ferdinand van Ingen: Sigmund von Birken. Ein Autor in Deutschlands Mitte. – In: ‚der Franken Rom' (Anm. 53), S. 257-275; Hartmut Laufhütte: Sigmund von Birken. Leben, Werk und Nachleben. Gesammelte Studien. Mit einem Vorwort von Klaus Garber. – Passau: Schuster 2007.

60 Zu dieser Frage des wahren Adels und ihrer Verknüpfung mit der Sozialgeschichte des europäischen Humanismus liegt jetzt eine neue Arbeit von Klaus Garber vor: De vera nobilitate. Zur Formation humanistischer Mentalität im Quattrocento. – In: Garber:

Literatur und Kultur im Europa der Frühen Neuzeit (Anm. 6), S. 443-503. Die folgende Passage aus dem Schäfergedicht Birkens wurde vom Verfasser erstmals eingehend interpretiert in: Martin Opitz ‚Schäferei von der Nymphe Hercinie' (Anm. 56), S. 578-590.

61 Sigmund von Birken: Floridans Schönheit-Lob und Adels-Prob. 1650. – In: Birken: Pegnesis: oder der Pegnitz Blumgenoß-Schäfere FeldGedichte in Neun Tagzeiten: meist verfasset/ und hervorgegeben/ durch Floridan. Nürnberg/ Gedruckt und verlegt von Wolf Eberhard Felseckern. 1673, S. 211-272, S. 260 f.

62 S. 261

63 S. 263 f.

64 S. 264

65 Vgl. Erich Trunz: Der deutsche Späthumanismus um 1600 als Standeskultur. – In: Trunz: Deutsche Literatur zwischen Späthumanismus und Barock. Acht Studien. – München: Beck 1995, S. 7-82 (erweiterte Fassung einer erstmals 1931 erschienenen Abhandlung); Wilfried Barner: Die gelehrte Grundlage der deutschen Barockliteratur. – In: Barner: Barockrhetorik. Untersuchungen zu ihren geschichtlichen Grundlagen. – Tübingen: Niemeyer 1970, S. 220-238; Volker Sinemus: Adel der Geburt und Adel der Feder. – In: Sinemus: Poetik und Rhetorik im frühmodernen deutschen Staat. Sozialgeschichtliche Bedingungen des Normenwandels im 17. Jahrhundert. – Göttingen: Vandenhoeck & Ruprecht 1978 (Palaestra; 269), S. 207-241; Wilhelm Kühlmann: Gelehrtenrepublik und Fürstenstaat. Entwicklung und Kritik des deutschen Späthumanismus in der Literatur des Barockzeitalters. – Tübingen: Niemeyer 1982 (Studien und Texte zur Sozialgeschichte der Literatur; 3); Gunter E. Grimm: Literatur und Gelehrtentum in Deutschland. Untersuchungen zum Wandel ihres Verhältnisses vom Humanismus bis zur Frühaufklärung. – Tübingen: Niemeyer 1983 (Studien zur deutschen Literatur; 75); Klaus Garber: Zur Statuskonkurrenz von Adel und gelehrtem Bürgertum im theoretischen Schrifttum des 17. Jahrhunderts. Veit Ludwig von Seckendorffs ‚Teutscher Fürstenstaat' und die deutsche ‚Barockliteratur'. – In: Hof, Staat und Gesellschaft in der Literatur des 17. Jahrhunderts. Hrsg. von Elger Blühm, Jörn Garber, Klaus Garber. – Amsterdam: Rodopi 1982 (Daphnis; 11, 1982), S. 115-143. Kurzfassung in: Europäische Hofkultur im 16. und 17. Jahrhundert. Hrsg. von August Buck, Georg Kauffmann, Blake Lee Spahr, Conrad Wiedemann. Band I-III. – Hamburg: Hauswedell

1981 (Wolfenbütteler Arbeiten zur Barockforschung; 8.9.10), Band II, S. 229-243; ders.: Nobilitas literaria und societas erudita. Zehn Thesen zur Sozial- und Mentalitätsgeschichte der ‚Intelligenz' in der Frühen Neuzeit Europas. – In: Kultur zwischen Bürgertum und Volk. Hrsg. von Jutta Held. – Berlin 1983 (Argument-Sonderband; 103), S. 31-43. Wiederabgedruckt in: Garber: Literatur und Kultur im Europa der Frühen Neuzeit (Anm. 6), S. 333-345; Intellektuelle in der Frühen Neuzeit Europas. Hrsg. von Jutta Held. – München: Fink 2002 (Schriften des Instituts für Kulturgeschichte der Frühen Neuzeit der Universität Osnabrück).
66 Vgl. Klaus Garber: Paris, die Hauptstadt des europäischen Späthumanismus. Jacques Auguste de Thou und das ‚Cabinet Dupuy'. – In: Garber: Kultur und Literatur im Europa der Frühen Neuzeit (Anm. 6), S. 419-442 (mit der einschlägigen Literatur).
67 Vgl. speziell für Nürnberg die meisterhafte Abhandlung von Hanns Hubert Hofmann: Nobiles Norimbergenses. Beobachtungen zur Struktur der reichsstädtischen Oberschicht. – In: Zeitschrift für Bayerische Landesgeschichte 28 (1965), S. 114-150. Wiederabgedruckt in: Untersuchungen zur gesellschaftlichen Struktur der mittelalterlichen Städte in Europa. – Konstanz, Stuttgart: Thorbecke 1966 (Vorträge u. Forschungen; 11), S. 53-92.
68 Vgl. Renate Jürgensen: Utile cum dulci (Anm. 53), S. 50 ff. Grundsätzlich hinzuzuziehen die Einträge bei Jean M. Woods, Maria Fürstenwald: Schriftstellerinnen, Künstlerinnen und gelehrte Frauen des deutschen Barock. Ein Lexikon. – Stuttgart: Metzler 1984 (Repertorien zur deutschen Literaturgeschichte; 10).
69 Vgl. das Kapitel: ‚Dorus und Dorilis'. Heinrich Arnold und Maria Catharina Stockfleth. – In: Jürgensen: Melos conspirant singuli in unum (Anm. 53), S. 287-299.
70 Die Kunst= und Tugend=gezierte Macarie/ Das ist: Historischer Kunst= und Tugend=Wandel/ Jn hochteutscher Sprach beschrieben/ Und Jn einer anmuthigen Liebes=Geschicht vorgestellet; Dann Mit neuen Liedern/ Melodeyen/ und andern Lieb= klingenden Gedichten/ schönen Reden und Lehr=Sprüchen/ auch Historischen Kupffer=Stücken ausgezieret/ Von dem Unter den Preiß=würdig=gekrönten Pegnitz=Hirten so genannten Dorus. Gedruckt und verlegt in Nürnberg/ Durch Johann=Philipp Miltenberger. Jm Jahr 1669. – Reprint: Heinrich Arnold Stockfleth: Die Kunst- und Tugend-Gezierte Macarie. Erster Theil. Faksimiledruck nach der Auflage von 1669. Herausgegeben und eingeleitet von Volker Meid. – Bern etc.: Peter Lang 1978 (Nachdrucke

deutscher Literatur des 17. Jahrhunderts). Der Nachdruck enthält neben dem auf dem Titelblatt ausgewiesenen Vorwort auch eine Bibliographie der Werke von Heinrich Arnold und Maria Catharina Stockfleth. Es ist zu betonen, daß keine zweite Auflage des Werkes erschien. – Die Kunst= und Tugend-gezierte Macarie/ Oder Historischer Kunst= und Tugend=Wandel/ Der Zweyte Theil/ benamet Der Bekehrte Schäfer. Jn einer anmutigen Liebes=Geschicht vorgestellet Durch Die gekrönte Blumgenoß= Schäferin Dorilis. Nürnberg/ Gedruckt und verlegt von Johann Philipp Miltenberger/ Jm Jahr 1673. – Reprint: Maria Katharina Stockfleth: Die Kunst- und Tugend-Gezierte Macarie. Der zweyte Theil. Faksimiledruck nach der Auflage von 1673. Herausgegeben von Volker Meid. – Bern etc.: Peter Lang 1978 (Nachdrucke deutscher Literatur des 17. Jahrhunderts). Auch von diesem Werk erschien keine weitere Auflage.

71 Fürtrefflichkeit des Lieblöblichen Frauenzimmers: bey Beglückwünschung der Hochzeitlichen EhrenFreude des Ehr= und Preißwürdigen PegnitzSchäfers Dorus und der Tugend= und Kunst-be-Ehrten PegnitzSchäferinn Dorilis/ in einem FrülingsGespräche vorgestellet von der Pegnitz-Gesellschaft. Jm 1669 ChristJahr.

72 Vgl. Silvia Bovenschen: Die imaginierte Weiblichkeit. Exemplarische Untersuchungen zu kulturgeschichtlichen und literarischen Präsentationsformen des Weiblichen. – Frankfurt a.M.: Suhrkamp 1979 (edition suhrkamp; 921), S. 109 ff. Ein 1978 geschriebenes Kapitel zu dem Birkenschen Text ging in Kurzform ein in: Garber: Arkadien und Gesellschaft (Anm. 6), S. 59 f. Eine ausführlichere Stellungnahme zu dem Text gab Jane O. Newman: ‚FrauenZimmers Geberden' und ‚Mannesthaten'. Authentizität, Intertextualität und ‚la querelle des femmes' in Sigmund von Birkens ‚EhrenPreis des Lieb-löblichen Weiblichen Geschlechts' (1669/73). – In: der Franken Rom (Anm. 53), S. 314-330.

73 Birken: Fürtrefflichkeit des Lieblöblichen Frauenzimmers (Anm. 71), S. 13.

74 S. 13 f.

75 S. 14.

76 S. 14 f.

77 S. 21 f.

78 S. 30 f.

79 S. 36 ff.

80 Vgl. Europäische Sozietätsbewegung und demokratische Tradition. Die europäischen Akademien der Frühen Neuzeit zwischen

Frührenaissance und Spätaufklärung. Band I-II. Hrsg. von Klaus Garber, Heinz Wismann. – Tübingen: Niemeyer 1996 (Frühe Neuzeit; 26.27).

81 Arnold Hirsch: Bürgertum und Barock im deutschen Roman. Eine Untersuchung über die Entstehung des modernen Weltbildes. – Frankfurt a.M.: Baer 1934. Nach dem Krieg wurde eine zweite Auflage veranstaltet, deren Erscheinen Arnold Hirsch nicht mehr erlebte. Diese lag in den Händen des frühverstorbenen Herbert Singer. Singer war ein Schüler Richard Alewyns, von dem wir unseren Ausgang nahmen und dem das Werk von Hirsch gewidmet ist. Vgl. den leicht modifizierten Titel: Bürgertum und Barock im deutschen Roman. Ein Beitrag zur Entstehungsgeschichte des bürgerlichen Weltbildes. 2. Auflage besorgt von Herbert Singer. – Köln, Graz: Böhlau 1957 (Literatur und Leben. Hrsg. von Richard Alewyn. Neue Folge; 1). Das Zitat hier S. 114 ff. Der wegweisende Beitrag von Hirsch ist unter dem Titel ‚Die Polemik gegen die höfischen Tugenden in Stockfleths ‚Macarie' zusammen mit einem anderen – ‚Die Entstehung der modernen Seelenlage im Schäferroman' – auch wiederabgedruckt in: Europäische Bukolik und Georgik (Anm. 33), S. 306-346.

82 Vgl. Anke-Marie Lohmeier: Beatus ille. Studien zum ‚Lob des Landlebens' in der Literatur des absolutistischen Zeitalters. – Tübingen: Niemeyer 1981 (Hermaea. Germanistische Forschungen. N.F.; 44), S. 76 ff.: Die antiken Vorbilder der Landlebendichtung.

83 Vgl. zu Longos' ‚Daphnis und Chloe' den wichtigen Beitrag von Georg Rohde: Longus und die Bukolik (1937), und von H.H.O. Chalk: Eros and the Lesbian Pastorals of Longos (1960). – In: Theokrit und die griechische Bukolik (Anm. 10), S. 374-401, S. 402-438. In diesem Sammelband S. 455 f. auch weitere Arbeiten zu Longos' Schäfererzählung. Zum Kontext die klassische Darstellung von Erwin Rohde: Der griechische Roman und seine Vorläufer. – Darmstadt: Wissenschaftliche Buchgesellschaft 1960. Die erste Auflage des Werkes erschien 1876, eine zweite, bereits posthum erschienene kam 1900 heraus, eine dritte 1914. Dem Reprint in der Wissenschaftlichen Buchgesellschaft ist ein Vorwort von Karl Kerényi vorangestellt. Die Longos-Passage hier S. 531-554, mit einigen zusätzlichen Anmerkungen S. 624.

84 Zum Schäferspiel in Deutschland vgl. Mara R. Wade: The German Baroque Pastoral ‚Singspiel'. – Bern etc.: Peter Lang 1990 (Berner Beiträge zur Barockgermanistik; 7); Christiane Caemmerer: Siegender Cupido oder Triumphierende Keuschheit. Deut-

sche Schäferspiele des 17. Jahrhunderts. – Stuttgart-Bad Cannstatt: frommann-holzboog 1998 (Arbeiten und Editionen zur Mittleren Deutschen Literatur. N.F.; 2). – Zum Schäferroman vgl. Marieluise Bauer: Studien zum deutschen Schäferroman des 17. Jahrhunderts. – Diss. phil. München 1979; Wilhelm Voßkamp: Der deutsche Schäferroman des 17. Jahrhunderts. – In: Handbuch des deutschen Romans. Hrsg. von Helmut Koopmann. – Düsseldorf: Bagel 1983, S. 105-116; Klaus Garber: Formen pastoralen Erzählens im frühneuzeitlichen Europa. – In: Internationales Archiv für Sozialgeschichte der deutschen Literatur 10 (1985), S. 1-22. Wiederabgedruckt in: Garber: Literatur und Kultur im Europa der Frühen Neuzeit (Anm. 6), S. 301-322.

85 Zu Tassos ‚Aminta' vgl. zuletzt Lisa Sampson: Pastoral Drama in Early Modern Italy. The Making of a New Genre. – London: Legenda 2006 (Italian Perspectives; 15), pp. 61-97. Aus der vorangehenden reichen Literatur sei hier nur verwiesen auf: Richard Cody: The Landscape of the Mind. Pastoralism and Platonic Theory in Tasso's Aminta and Shakespeare's Early Comedies. – Oxford: Clarendon Press 1969. Vgl. auch den schönen Beitrag von Helmut J. Schneider: Goethes Schauspiel ‚Torquato Tasso' und Tassos Hirtenspiel ‚Aminta'. Eine Skizze zum Fortleben der pastoralen Tradition. – In: Goethe und Italien. Hrsg. von Willi Hirdt, Birgit Tappert. – Bonn: Bouvier 2001 (Studium Universale; 22), S. 313-327.

86 Tassos ‚Aminta' ist in deutscher Fassung leicht zugänglich in: Torquato Tasso: Aminta. Favola boschereccia – Ein Hirtenspiel. Italienisch/Deutsch. Übersetzt und herausgegeben von János Riesz. – Stuttgart 1995 (Reclam's Universal-Bibliothek; 446). Eine weitere ansprechende Version liegt vor in: Torquato Tasso: Aminta. Italienisch/Deutsch. Aus dem Italienischen übertragen von Otto von Taube. Mit einem Nachwort von Erich Loos. – Frankfurt a.M. 1962 (Exempla Classica. Die Fischer Bibliothek der hundert Bücher; 57). Das Zitat hier S. 55 ff.

87 Vgl. Norbert Elias: Über den Prozeß der Zivilisation. Soziogenetische und psychogenetische Untersuchungen. Band I-II. – Basel: Haus zum Falken 1939. Als Taschenbuchausgabe leicht greifbar: suhrkamp taschenbuch wissenschaft, Band 158 und 159 (1976). Ders.: Die höfische Gesellschaft. Untersuchungen zur Soziologie des Königtums und der höfischen Aristokratie; mit einer Einleitung: Soziologie und Geschichtswissenschaft. – Neuwied, Berlin: Luchterhand 1969 (Soziologische Texte; 54).

88 Grundlegend geblieben – und zugleich ein Lesevergnügen von seltener Intensität: Richard Alewyn, Karl Sälzle: Das große Welttheater. Die Epoche der höfischen Feste in Dokument und Deutung. – Reinbek bei Hamburg 1959 (rowohlts deutsche enzyklopädie; 92). Die Beiträge Alewyns wurden auch separat publiziert und um zwei weitere wichtige Arbeiten (eine davon aus dem Nachlaß) ergänzt. Vgl. Richard Alewyn: Das große Welttheater. Die Epoche der höfischen Feste. – München: Beck 1985. Auch erschienen als Taschenbuch in der ‚Beck'schen Reihe', Nr. 389 (1989). Vgl. auch Roy Strong: Feste der Renaissance. 1450-1650. Kunst als Instrument der Macht. – Freiburg, Würzburg: Ploetz 1991. Die englische Originalausgabe erschien 1973 unter dem Titel ‚Art and Power' bei Boydell & Brewer in Woodbridge, Suffolk. Die Übersetzung besorgten Susanne Höbel und Maja Ueberle-Pfaff. Sehr ergiebig auch der Sammelband: Das Fest. Hrsg. von Walter Haug. – München: Fink 1989 (Poetik & Hermeneutik; 14).

89 Eine neue große Monographie zu Guarinis ‚Pastor fido', wie sie dringend benötigt würde, fehlt. Eine Interpretation wird in absehbarer Zeit in dem erwähnten Arkadienbuch des Verfassers nachzulesen sein. Vgl. jetzt das wichtige Kapitel ‚Guarini's Pastor fido: The Establishment of an Ethical and Political Model of Pastoral Drama' in der oben Anmerkung 85 zitierten Arbeit von Lisa Sampson, S. 129-168. Aus der älteren Literatur ist maßgeblich geblieben die große Studie von Walter W. Greg: Pastoral Poetry and Pastoral Drama. A Literary Inquiry, with Special Reference to the Pre-Restoration Stage in England. – New York: Russell & Russell 1959 (Erstausgabe 1906). Dazu der Forschungsbericht von Nicolas J. Perella: The Critical Fortune of Battista Guarini's ‚Il Pastor fido'. – Firenze: Olschki 1973 (Bibliotheca dell' ‚Archivum Romanicum'. Ser. I; 117). Vgl. von dem gleichen Verfasser auch die große Abhandlung: Herold Virtue and Love in the ‚Pastor fido'. – In: Atti dell' Istituto Veneto di Scienze, lettere ed arti. Classe di scienze morali, lettere ed arti 132 (1973/74), pp. 653-705. Die grundlegende Monographie zu Leben und Werk Guarinis stammt von Vittorio Rossi: Battista Guarini ed il Pastor fido. Studio biografico-critico con documenti inediti. – Torino: Loescher 1886.

90 Vgl. die Analyse von Norbert Elias in dem oben Anm. 87 zitierten Werk: Die höfische Gesellschaft, S. 364 ff. Vgl. auch Erich Köhler: Esprit und arkadische Freiheit. Aufsätze aus der Welt der Romania. – München: Fink 1984, S. 92 ff. Die entsprechende Passage aus dem Aufsatz ‚Über die Möglichkeiten historisch-soziologi-

scher Interpretation' (1968) unter dem Titel ‚Absolutismus und Schäferroman: Honoré d'Urfés ‚Astrée" wiederabgedruckt in: Europäische Bukolik und Georgik (Anm. 33), S. 266-270. Vgl. auch Reinhard Krüger: Honoré d'Urfés ‚Astrée' oder ‚Der Edelmann als Hirte' – Kulturanthropologische und ideologische Voraussetzungen des aristokratischen Schäferideals. – In: Der Traum von Arkadien. Hrsg. von Berthold Heinecke, Michael Niedermeier. – Hundisburg 2007, S. 123-145.

91 Vorbildlich geblieben die unter den Titeln ‚Der Geist des Machtstaats und die Antike' sowie ‚Politische Theologie und Sozialdisziplinierung der frühen Neuzeit' zusammengefaßten Abhandlungen Gerhard Oestreichs in ders.: Geist und Gestalt des frühmodernen Staates. Ausgewählte Aufsätze. – Berlin: Duncker & Humblot 1969. Vgl. von Oestreich auch: Antiker Geist und moderner Staat bei Justus Lipsius <1547-1606>. Der Neustoizismus als politische Bewegung. Herausgegeben und eingeleitet von Nicolette Mout. – Göttingen: Vandenhoeck & Ruprecht 1989 (Schriftenreihe der Historischen Kommission bei der Bayerischen Akademie der Wissenschaften; 38).

92 Das Werk ist in der Frühen Neuzeit in so gut wie alle Literatur-Sprachen übersetzt worden. Vgl. im Blick auf Deutschland Leonardo Olschki: G.B. Guarinis Pastor fido in Deutschland. Ein Beitrag zur Literaturgeschichte des 17. und 18. Jahrhunderts. – Diss. phil. Heidelberg 1908; Alba Schwarz: ‚Der teutsch-redende treue Schäfer'. Guarinis ‚Pastor Fido' und die Übersetzungen von Eilger Mannlich 1619, Statius Ackermann 1636, Hofmann von Hofmannswaldau 1652, Assmann von Abschatz 1672. – Bern: Herbert Lang, Frankfurt a.M.: Peter Lang 1972. Auch aus dem 19. Jahrhundert liegt eine unbekannt gebliebene Übersetzung vor: Giov. Bat. Guarini's treuer Schäfer. Ein bukolisches Schauspiel. Aus dem Italienischen übersetzt von H. Müller. Erstes Bändchen. – Zwickau: Schumann 1822. Eine moderne Übersetzung fehlt weiterhin. Das Werk, das einen so großen zeitgenössischen Erfolg verbuchte, trat längerfristig dann doch hinter dem weltliterarischen Text Tassos zurück.

93 Vgl. mit der einschlägigen Literatur den Artikel ‚Aufklärung' in: Aufklärung. Umrisse eines Epochen-Profils im Kontext der Frühen Neuzeit. – In: Literatur, Sprache, Kultur. Studien zu Ehren von Lothar Knapp. Hrsg. von Wolfgang Asholt, Siegfried Kanngießer. – Osnabrück: secolo 1996, S. 41-68. Wiederabgedruckt in: Literatur und Kultur im Europa der Frühen Neuzeit (Anm. 6), S.

747-776. Zur höfischen Kultur möge man z.B. den meisterhaften Artikel einsehen von Rudolf Vierhaus: Höfe und höfische Gesellschaft in Deutschland im 17. und 18. Jahrhundert. – In: Kultur und Gesellschaft in Deutschland von der Reformation bis zur Gegenwart. Hrsg. von Klaus Bohnen. – Kopenhagen, München: Fink 1981, S. 36-56.

94 Vgl. zuletzt die weiterführenden Angaben in den Kapiteln ‚Literarisches Leben und kulturelle Zentren' sowie ‚Hofkultur und Nationalliteratur' in der ertragreichen Einführung von Iwan-Michelangelo D'Aprile und Winfried Siebers: Das 18. Jahrhundert. Zeitalter der Aufklärung. – Berlin: Akademie Verlag 2008 (Akademie-Studienbücher. Literaturwissenschaft), S. 21-35, S. 37-52. Hier auch weitere Literatur. Zur Lesergeschichte grundlegend geblieben: Rolf Engelsing: Der Bürger als Leser. Lesergeschichte in Deutschland 1500-1800. – Stuttgart: Metzler 1974. Instruktiv auch: Lesegesellschaften und bürgerliche Emanzipation. Ein europäischer Vergleich. Hrsg. von Otto Dann. – München: Beck 1981. Zuletzt der gehaltreiche Sammelband: Geselligkeit und Bibliothek. Lesekultur im 18. Jahrhundert. Hrsg. von Wolfgang Adam und Markus Fauser in Zusammenarbeit mit Ute Pott. – Göttingen: Wallstein 2005 (Schriften des Gleimhauses Halberstadt; 4). Dazu in weiterem Kontext die Studie von Ulrich Im Hof: Das gesellige Jahrhundert. Gesellschaft und Gesellschaften im Zeitalter der Aufklärung. – München: Beck 1982.

95 Vgl. Renate Brockpähler: Handbuch zur Geschichte der Barockoper in Deutschland. – Emsdetten/Westf.: Lechte 1964 (Die Schaubühne; 62). Das Werk ist nach Orten gegliedert und vermittelt einen authentischen Einblick in die höfische Aufführungspraxis bis tief in das 18. Jahrhundert hinein.

96 Verwiesen sei nochmals auf die in Anm. 93 und 94 angeführte Literatur, jeweils mit weiteren Nachweisen zur Forschung.

97 Gessners ‚Idyllen' haben seit den sechziger Jahren bevorzugte Aufmerksamkeit erfahren. Hier sei nur verwiesen auf die meisterhafte Einführung in die Gattung von Renate Böschenstein-Schäfer: Idylle. 2., durchges. und ergänzte Aufl. – Stuttgart: Metzler 1977 (Sammlung Metzler; 63). Hier zu Gessner und seinem Umkreis S. 73 ff. Dazu das gediegene Porträt von Ernst Theodor Voss: Salomon Gessner. – In: Deutsche Dichter des 18. Jahrhunderts. Ihr Leben und Werk. Hrsg. von Benno von Wiese. – Berlin: Schmidt 1977, S. 249-275. Zuletzt aus der inzwischen reichen Literatur: Uwe Hentschel: Salomon Geßners Idyllen und ihre deutsche Re-

zeption im 18. und beginnenden 19. Jahrhundert. – In: Orbis litterarum 54 (1999), S. 332-349; Maurizio Pirro: Anime floreali e utopia regressiva. Salomon Gessner e la tradizione dell'idillio. – Pasian di Prato/UD: Campanotto Editore 2003 (Le Carte Tedesche; 19); Wulf D. von Lucius: Der deutsche Theokrit. Votivtafel für Salomon Gessner. – In: Zwischen Zettelkasten und Internet. Festschrift Susanne Koppel. – Eutin: Lumpeter & Lasel 2005, S. 21-31. Zur Gessner-Rezeption in Frankreich: Wiebke Röben de Alencar Xavier: Salomon Gessner im Umkreis der Encyclopédie. Deutsch-französischer Kulturtransfer und europäische Aufklärung. – Genève: Slatkine 2006 (Travaux sur la Suisse des Lumières; 5). Einen schönen Einblick in die Welt Gessners vermitteln auch zwei Ausstellungs-Kataloge: Maler und Dichter der Idylle. Salomon Gessner. 1730-1788. – Wolfenbüttel 1980. 2. durchges. Aufl. 1982 (Ausstellungskataloge der Herzog-August-Bibliothek; 30); Martin Bircher, Bruno Weber, unter Mitwirkung von Bernhard von Waldkirch: Salomon Gessner. – Zürich: Orell Füssli 1982.

98 Salomon Gessner: Idyllen. Kritische Ausgabe. Hrsg. von E. Theodor Voss. – Stuttgart 1973 (Reclams Universal-Bibliothek; 9431-35), S. 15 ff. Die Ausgabe ist mit reichhaltigen lesenswerten Beigaben ausgestattet.

99 Vgl. Deutsche Idyllentheorien im 18. Jahrhundert. Mit einer Einführung und Erläuterungen herausgegeben von Helmut J. Schneider. – Tübingen: Narr 1988 (Deutsche Text-Bibliothek; 1). Die Vorrede Gessners interpretiert von Klaus Garber, in: Utopia. Zur Naturdichtung der Frühen Neuzeit. – In: Respublica Guelpherbytana. Wolfenbütteler Beiträge zur Renaissance- und Barockforschung. Festschrift Paul Raabe. Hrsg. von August Buck, Martin Bircher. – Amsterdam: Rodopi 1987 (Chloe, Beihefte zum Daphnis; 6), S. 435-455, S. 449 ff.

100 Vgl. zum folgenden auch Helmut J. Schneider: Die sanfte Utopie. Zu einer bürgerlichen Tradition literarischer Glücksbilder. – In: Idyllen der Deutschen. Texte und Illustrationen. Herausgegeben von Helmut J. Schneider. – Frankfurt a.M.: Insel 1978, S. 353-442. Zur Empfindsamkeit, aus der heraus Gessner allein verständlich wird, vgl. Friedrich Vollhardt: Aspekte der germanistischen Wissenschaftsentwicklung am Beispiel der neueren Forschung zur ‚Empfindsamkeit'. – In: Aufklärungsforschung in Deutschland. Hrsg. von Holger Dainat, Wilhelm Voßkamp. – Heidelberg: Winter 1999 (Beihefte zum Euphorion; 32), S. 49-77; Themenschwer-

punkt Empfindsamkeit. Hrsg. von Karl Eibl. – In: Aufklärung 13 (2001), S. 5-208, S. 307-338; Das Projekt Empfindsamkeit und der Ursprung der Moderne. Richard Alewyns Sentimentalismusforschungen und ihr epochaler Kontext. Hrsg. von Klaus Garber, Ute Széll. – München: Fink 2005. Hierin (S. 129-138): Helmut J. Schneider: Selbstbescherung. Zur Phänomenologie des Landschaftsblicks in der Empfindsamkeit.
101 Eine Interpretation wiederum versucht bei Klaus Garber: Arkadien und Gesellschaft (Anm. 6), S. 65 ff. bzw. S. 264 ff. Dazu die Interpretation der komplementären Idylle ‚Das hölzerne Bein. Eine Schweizer Idylle', die den zweiten Idyllen-Zyklus aus dem Jahr 1772 beschließt: Klaus Garber: Idylle und Revolution. Zum Abschluß einer zweitausendjährigen Gattungstradition. – In: Gesellige Vernunft. Zur Kultur der literarischen Aufklärung. Festschrift Wolfram Mauser. Hrsg. von Ortrud Gutjahr, Wilhelm Kühlmann, Wolf Wucherpfennig. – Würzburg: Königshausen & Neumann 1993, S. 57-82, S. 59 ff. Nach wie vor auch sehr lesenswert Burghard Dedner: Topos, Ideal und Realitätspostulat. Studien zur Darstellung des Landlebens im Roman des 18. Jahrhunderts. – Tübingen: Niemeyer 1969 (Studien zur deutschen Literatur; 16). Hier im Eingangskapitel S. 7 ff. eine Interpretation von Gessners ‚Der Wunsch'.
102 Gessner: Idyllen (Anm. 98), S. 66.
103 S. 66 f.
104 S. 67 f.
105 S. 68.
106 S. 68 f.
107 Ernst Theodor Voss: Salomon Gessner (Anm. 97), S. 268.
108 Vgl. dazu die in Anm. 101 zitierte Abhandlung des Verfassers. Der Horizont der folgenden Betrachtung ist von zwei großen Gelehrten und maßgeblichen Kennern der Idylle erschlossen worden, die beide bereits zu Wort kamen, Ernst Theodor Voss und Helmut J. Schneider. Vergleiche neben den bereits zitierten Arbeiten die Angaben in den nachfolgenden Anmerkungen. Der Autor dieses Büchleins ist den beiden seit Jahrzehnten freundschaftlich verbundenen Kollegen dankbar verpflichtet.
109 Zu Voß vergleiche das meisterhafte Porträt von Helmut J. Schneider: Johann Heinrich Voss. – In: Deutsche Dichter des 18. Jahrhunderts (Anm. 97), S. 782-815. Hinzuzunehmen das die neue Voß-Sicht begründende Geleitwort von Ernst Theodor Voss in: Johann Heinrich Voß: Idyllen. Faksimiledruck nach der Ausgabe

von 1801 mit einem Nachwort von E. Theodor Voss. – Heidelberg: Lambert Schneider 1968 (Deutsche Neudrucke. Reihe: Goethezeit), S. 1-94 des gesondert paginierten Nachworts. Dazu trat wenige Jahre später die aus einem weitaus größeren Projekt ausgegliederte Untersuchung von Helmut J. Schneider: Bürgerliche Idylle. Studien zu einer literarischen Gattung des 18. Jahrhunderts am Beispiel von Johann Heinrich Voss. – Diss. phil. Bonn 1975. Vgl. schließlich des weiteren von Ernst Theodor Voss auch: Idylle und Aufklärung. Über die Rolle einer verkannten Gattung im Werk von Johann Heinrich Voß. – In: Freiheit durch Aufklärung: Johann Heinrich Voß <1751-1826>. Hrsg. von Wolfgang Beutin, Klaus Lüders. – Frankfurt a.M.: Peter Lang 1995 (Bremer Beiträge zur Literatur- und Ideengeschichte; 12), S. 35-54.

110 Zitiert nach der maßgeblich gebliebenen, kommentierten und mit einer großen Einleitung versehenen Ausgabe von August Sauer in: Der Göttinger Dichterbund. Erster Teil: Johann Heinrich Voß. Hrsg. von August Sauer. – Berlin, Stuttgart: Spemann o.J. (Deutsche National-Litteratur. Hrsg. von Joseph Kürschner. Band 49, Teil 1), S. 74 f. Die Idyllen in Auswahl auch leicht zugänglich in: Johann Heinrich Voss. Idyllen und Gedichte. Hrsg. von Eva D. Becker. – Stuttgart 1967 (Reclams Universal-Bibliothek; 2332).

111 S. 76.

112 S. 77.

113 S. 155.

114 S. 155 f.

115 S. 157.

116 S. 158.

117 Vgl. aus der reichen Literatur: Herbert Kraft: Über sentimentalische und idyllische Dichtung. – In: Studien zur Goethezeit. Festschrift Lieselotte Blumenthal. Hrsg. von Helmut Holtzhauer, Bernhard Zeller unter Mitwirkung von Hans Henning. – Weimar: Böhlau 1968, S. 209-220. – Teil II: ‚Das Ideal und das Leben'. – In: Jahrbuch der Deutschen Schillergesellschaft 20 (1976), S. 247-254; Gerhard Kaiser: Von Arkadien nach Elysium. Schiller-Studien. – Göttingen: Vandenhoeck & Ruprecht 1978; Annemarie Gethmann-Siefert: Idylle und Utopie. Zur gesellschaftskritischen Funktion der Kunst in Schillers Ästhetik. – In: Jahrbuch der Deutschen Schillergesellschaft 24 (1980), S. 32-67; Wolfgang Riedel: ‚Der Spaziergang'. Ästhetik der Landschaft und Geschichtsphilosophie der Natur bei Schiller. – Würzburg: Königshausen & Neumann 1989. Vgl. auch Horst Rüdiger: Schiller und das Pasto-

rale. – In: Schiller zum 10. November 1959. Festschrift des Euphorion. – Heidelberg: Winter 1959, S. 7-29. Wiederabgedruckt in: Friedrich Schiller. Zur Geschichtlichkeit seines Werkes. Hrsg. von Klaus L. Berghahn. – Kronberg/Taunus: Scriptor 1975, S. 133-158.
118 Vgl. zu Vossens ‚Luise' die oben Anm. 109 erwähnten Arbeiten.
119 Johann Heinrich Voß: Luise. – In: Der Göttinger Dichterbund (Anm. 110), S. 15.
120 S. 18.
121 Aus der wiederum reichen Literatur sei hier neben der Anm. 100 zitierten Arbeit von Helmut J. Schneider verwiesen auf Gerhard Kaiser: Wandrer und Idylle. Goethe und die Phänomenologie der Natur in der deutschen Dichtung von Geßner bis Gottfried Keller. – Göttingen: Vandenhoeck & Ruprecht 1977, S. 37 ff. Vgl. auch Maria Lypp: Bürger und Weltbürger in Goethes ‚Hermann und Dorothea'. – In: Goethe. Neue Folge des Jahrbuchs der Goethe-Gesellschaft 31 (1969), S. 129-142, sowie Oskar Seidlin: Über ‚Hermann und Dorothea'. Ein Vortrag. – In: Lebendige Form. Interpretationen zur deutschen Literatur. Festschrift Heinrich E.K. Henel. – München: Fink 1970, S. 101-120. Wiederabgedruckt in: Seidlin: Klassische und moderne Klassiker. – Göttingen 1972 (Kleine Vandenhoeck-Reihe; 355), S. 20-37. Wichtig auch die Monographie von Peter Morgan: The Critical Idyll. Traditional Values and the French Revolution in Goethe's ‚Hermann und Dorothea'. – Columbia: Camden House 1990 (Studies in German Literature, Linguistics, and Culture; 54).
122 Hier zitiert nach: Johann Wolfgang Goethe: Die Leiden des jungen Werthers. Die Wahlverwandtschaften. Kleine Prosa. Epen. In Zusammenarbeit mit Christoph Brecht herausgegeben von Waltraud Wiethölter. – Frankfurt a.M.: Deutscher Klassiker Verlag 1994 (Johann Wolfgang Goethe: Sämtliche Werke. Briefe, Tagebücher und Gespräche. 1. Abteilung: Sämtliche Werke; 8), S. 848. Der Kommentar S. 1195-1210. Vgl. auch die Ausgabe im Hanser-Verlag, in der über die zeitliche Anordnung die auf die Französische Revolution bezogenen Stücke zusammenrücken: Johann Wolfgang Goethe: Wirkungen der Französischen Revolution. 1791-1797. Teil I-II. Hrsg. von Reiner Wild. – München: Hanser 1986-1988 (Johann Wolfgang Goethe: Sämtliche Werke nach Epochen seines Schaffens. Münchner Ausgabe; 4/1; 4/2). Seitengleiche Taschenbuchausgabe 2006. Der Text hier S. 551-629, der Kommentar S. 1074-1098. Mit Gewinn wiederum auch die

Hamburger Ausgabe in 14 Bänden heranzuziehen: Band 2: Gedichte und Epen II. Textkritisch durchgesehen und kommentiert von Erich Trunz. 15. durchges. Aufl. – München: Beck 1994, S. 437-514, der Kommentar S. 734-758. Die Ausgabe liegt auch im ‚Deutschen Taschenbuch Verlag‘ vor (München 1998).
123 In der Frankfurter Ausgabe des Deutschen Klassiker Verlages S. 849 f.
124 Frankfurter Ausgabe S. 842, Verse 104 und 105.
125 Frankfurter Ausgabe S. 883.
126 Helmut J. Schneider: Die sanfte Utopie (Anm. 100), S. 406 ff.
127 Vgl. Helmut J. Schneider: Gesellschaftliche Modernität und ästhetischer Anachronismus. Zur geschichtsphilosophischen und gattungsgeschichtlichen Grundlage des idyllischen Epos. – In: Idylle und Modernisierung in der europäischen Literatur des 19. Jahrhunderts. Hrsg. von Hans Ulrich Seeber, Paul Gerhard Klussmann. – Bonn: Bouvier 1986 (Abhandlungen zur Kunst-, Musik- und Literaturwissenschaft; 372), S. 13-24.
128 Überraschend reich an Einsichten an abgelegener Stelle der Beitrag von Bernhard Heinser (einen mit Arkadien nichts verbindenden, wie gewohnt unsäglich trivialen Briefpartner dezent belehrend): Kleiner Briefwechsel. Bernhard Heinser / Marcel Reich-Ranicki. – In: Verlust und Ursprung. Festschrift Werner Weber. Mit Beiträgen zum Thema ‚Et in Arcadia ego‘. Hrsg. von Angelika Maass, Bernhard Heinser. – Zürich: Ammann Verlag 1989, S. 428-440. Dazu an gleicher Stelle der Beitrag von Iso Camartin: Ibiza Arcadia 1932. Zu Walter Benjamins ‚In der Sonne‘, S. 441-450.
129 Novalis: Schriften. Erster Band: Das dichterische Werk. Herausgegeben von Paul Kluckhohn und Richard Samuel unter Mitarbeit von Heinz Ritter und Gerhard Schulz. Revidiert von Richard Samuel. 3., nach den Handschriften ergänzte, erweiterte und verbesserte Auflage. – Stuttgart: Kohlhammer 1977. Hier ‚Die Lehrlinge zu Saïs‘ S. 79-112. Das Zitat S. 99 ff. Der Text auch leicht greifbar in: Novalis <Friedrich von Hardenberg>: Gedichte. Die Lehrlinge zu Sais. Hrsg. von Johannes Mahr. – Stuttgart 1984 (Reclams Universal-Bibliothek; 7991). Das Zitat hier S. 86 ff.
130 Die Vision des Novalis vor dem Hintergrund einer zweitausendjährigen Ideengeschichte des Abendlandes meisterhaft analysiert in einem der fundamentalen Werke zur Utopie in Europa durch Hans-Joachim Mähl: Die Idee des goldenen Zeitalters im Werk des Novalis. Studien zur Wesensbestimmung der frühromanti-

schen Utopie und zu ihren ideengeschichtlichen Voraussetzungen.
– Heidelberg: Winter 1965 (Probleme der Dichtung; 7). 2., unveränderte Auflage. – Tübingen: Niemeyer 1994 (mit einem wichtigen neuen Vorwort). Vgl. auch Claudia Amtmann-Chornitzer: ‚Schöne Welt, wo bist du?' Die Rückkehr des goldenen Zeitalters in geschichtsphilosophischen Gedichten von Schiller, Novalis und Hölderlin. – Erlangen: Palm & Enke 1997.
131 Robert Musil: Der Mann ohne Eigenschaften. – Hamburg: Rowohlt 1952 (Gesammelte Werke in Einzelausgaben. Herausgegeben von Adolf Frisé), S. 1169 f. Das Zitat entstammt dem Fragment ‚Atemzüge eines Sommertags'.
132 Heribert Brosthaus: Zur Struktur und Entwicklung des ‚anderen Zustands' in Robert Musils Roman ‚Der Mann ohne Eigenschaften'. – In: Deutsche Vierteljahrsschrift für Literaturwissenschaft und Geistesgeschichte 39 (1965), S. 388-440, S. 411.
133 Musil: Der Mann ohne Eigenschaften (Anm. 131), S. 1207.
134 Vgl. Karl Heinz Bohrer: Utopie des Augenblicks und Fiktionalität. Die Subjektivierung von Zeit in der modernen Literatur. – In: Ders.: Plötzlichkeit. Zum Augenblick des ästhetischen Scheins. – Frankfurt a.M. 1981 (edition suhrkamp; 1058), S. 180-218, S. 250-260.
135 „Das praktische Erzeugen einer ‚gegenständlichen Welt', die ‚Bearbeitung' der unorganischen Natur ist die Bewährung des Menschen als eines bewußten Gattungswesens, d.h. eines Wesens, das sich zu der Gattung als seinem eigenen Wesen oder zu sich als Gattungswesen verhält. [...] Eben in der Bearbeitung der gegenständlichen Welt bewährt sich der Mensch daher erst wirklich als ein ‚Gattungswesen'. Diese Produktion ist sein werktätiges Gattungsleben. Durch sie erscheint die Natur als ‚sein' Werk und seine Wirklichkeit. Der Gegenstand der Arbeit ist daher die ‚Vergegenständlichung des Gattungslebens des Menschen' [...]. Der ‚Kommunismus' als ‚positive' Aufhebung des ‚Privateigentums' als ‚menschlicher Selbstentfremdung' und darum als wirkliche ‚Aneignung des menschlichen' Wesens durch und für den Menschen; darum als vollständige, bewußt und innerhalb des ganzen Reichtums der bisherigen Entwicklung gewordene Rückkehr des Menschen für sich als eines ‚gesellschaftlichen', d.h. menschlichen Menschen. Dieser Kommunismus ist als vollendeter Naturalismus = Humanismus, als vollendeter Humanismus = Naturalismus, er ist die ‚wahrhafte' Auflösung des Widerstreites zwischen dem Menschen mit der Natur und mit dem Menschen, die wahre Auf-

lösung des Streits zwischen Existenz und Wesen, zwischen Vergegenständlichung und Selbstbestätigung, zwischen Freiheit und Notwendigkeit, zwischen Individuum und Gattung. Er ist das aufgelöste Rätsel der Geschichte und weiß sich als diese Lösung." Karl Marx: Ökonomisch-philosophische Manuskripte [Pariser Manuskripte]. – In: Karl Marx: Frühe Schriften. Erster Band. Hrsg. von Hans-Joachim Lieber, Peter Furth. – Stuttgart: Cotta 1962, S. 567 f., S. 593 f.

136 Walter Benjamin: Über den Begriff der Geschichte. – In: Walter Benjamin: Gesammelte Schriften. Band I. Herausgegeben von Rolf Tiedemann, Hermann Schweppenhäuser. – Frankfurt a.M.: Suhrkamp 1974, S. 691-704, S. 699. Der Text auch leicht greifbar in: Walter Benjamin: Kairos. Schriften zur Philosophie. Ausgewählt und mit einem Nachwort von Ralf Konersmann. – Frankfurt a.M. 2007 (suhrkamp taschenbuch wissenschaft; 1842), S. 313-324. Das Zitat hier S. 319.

137 Vgl. etwa Jürgen Habermas: Theorie des kommunikativen Handelns. Band I-III. – Frankfurt a.M.: Suhrkamp 1981. Hilfreich auch: Vorstudien und Ergänzungen zur Theorie des kommunikativen Handelns. – Frankfurt a.M.: Suhrkamp 1984. Vgl. von Habermas auch: Die Einbeziehung des Anderen. Studien zur politischen Theorie. – Frankfurt a.M.: Suhrkamp 1996. Vgl. von Karl Heinz Bohrer: Der Lauf des Freitag. Die lädierte Utopie und die Dichter. Eine Analyse. – München 1973 (Reihe Hanser; 123).

138 Vgl. Jürgen Habermas: Der philosophische Diskurs der Moderne. Zwölf Vorlesungen. – Frankfurt a.M.: Suhrkamp 1985.

139 Vgl. in dem zitierten Text Benjamins die gegen die Sozialdemokratie gerichtete Passage in der 11. These (S. 698 f.), gipfelnd in dem Vorwurf, ausschließlich technokratischen Vorstellungen im Blick auf die Natur anzuhängen: „Zu diesen gehört ein Begriff der Natur, der sich auf unheilverkündende Art von dem in den sozialistischen Utopien des Vormärz abhebt. Die Arbeit, wie sie nunmehr verstanden wird, läuft auf die Ausbeutung der Natur hinaus, welche man mit naiver Genugtuung der Ausbeutung des Proletariats gegenüber stellt." Vgl. in diesem Zusammenhang auch die Anm. 42 zitierte Arbeit Ernst Blochs.

140 Die Worte wurden gesprochen inmitten der Debatte um die atomare Nachrüstung.

Bibliographie

Quellen

English Pastoral Poetry. From the Beginnings to Marvell. Edited by Frank Kermode. – London: Harrap 1952 (Life, Literature, and Thought Library).

Schäferromane des Barock. Hrsg. von Klaus Kaczerowsky. – Reinbek bei Hamburg 1970 (Rowohlts Klassiker der Literatur und Wissenschaft; 530.531; Deutsche Literatur; 35).

Die Hirtenflöte. Hrsg. von Harry C. Schnur. – Leipzig 1978 (Reclams Universal-Bibliothek; 690).

Idyllen der Deutschen. Texte und Illustrationen. Herausgegeben von Helmut J. Schneider. – Frankfurt a.M.: Insel 1978.

English Pastoral Poetry. Edited by James Sambrook. – Boston 1983 (Twayne's English Authors Series; 348).

The Pastoral Mode. Edited by Bryan Loughrey. – London: Macmillan 1984 (Casebook Series).

Deutsche Idyllentheorien im 18. Jahrhundert. Mit einer Einführung und Erläuterungen herausgegeben von Helmut J. Schneider. – Tübingen: Narr 1988 (Deutsche Text-Bibliothek; 1).

Arkadien. Landschaft vergänglichen Glücks. Hrsg. von Petra Maisak, Corinna Fiedler. Mit farbigen Abbildungen. – Frankfurt a.M. 1992 (insel taschenbuch; 1421).

Et in Arcadia ego. Edité par Antoine Soare. – Paris, Seattle, Tübingen: Papers on French Seventeenth Century Literature 1997 (Biblio; 17).

Idyllen. Auch ich habe in Arkadien gelebt. Hrsg. von Thomas Neumann. – Erfurt: Landeszentrale für Politische Bildung Thüringen 2007 (Quellen und Forschungen zur Geschichte Thüringens; 28).

Wissenschaftliche Literatur

1. Sammelbände in Auswahl

Pastoral. Edited by Peter V. Marinelli. – London: Methuen 1971 (The Critical Idiom; 15).

Ancient Pastoral. Ramus Essays on Greek and Roman Pastoral Poetry. Edited by A.J. Boyle. – Berwick/Victoria: Aureal 1975.

Europäische Bukolik und Georgik. Hrsg. von Klaus Garber. – Darmstadt: Wissenschaftliche Buchgesellschaft 1976 (Wege der Forschung; 355).

Le genre pastoral en Europe du XVe au XVIIe siècle. Edité par Claude Longeon. – Saint-Etienne: Publications de l'Université de Saint-Etienne 1980 (Centre d'Etudes de la Renaissance et de l'Age Classique).

Auch ich in Arcadien. Kunstreisen nach Italien 1600-1900. Ausstellung und Katalog Dorothea Kuhn unter Mitarbeit von Anneliese Hofmann und Anneliese Kunz. – Marbach/Neckar: Deutsche Schillergesellschaft 1986 (Sonderausstellungen des Schiller-Nationalmuseums. Katalog Nr. 16).

Idylle und Modernisierung in der europäischen Literatur des 19. Jahrhunderts. Hrsg. von Hans Ulrich Seeber, Paul Gerhard Klussmann. – Bonn: Grundmann 1986 (Abhandlungen zur Kunst-, Musik- und Literaturwissenschaft; 372).

Verlust und Ursprung. Festschrift für Werner Weber. Mit Beiträgen zum Thema ‚Et in Arcadia ego'. Hrsg. von Angelika Maass, Bernhard Heinser. – Zürich: Ammann Verlag 1989.

Landschaftsmalerei. Hrsg. von Werner Busch. – Berlin: Reimer 1997.

La poesia pastorale nel Rinascimento. A cura di Stefano Carrai. – Padova: Antenore 1998 (Medioevo e Umanesimo; 101).

Erschriebene Natur. Internationale Perspektiven auf Texte des 18. Jahrhunderts. Hrsg. von Michael Scheffel unter redaktioneller Mitarbeit von Dietmar Götsch. – Bern etc.: Peter Lang 2001 (Jahrbuch für Internationale Germanistik. Reihe A: Kongressberichte; 66).

Brill's Companion to Greek and Latin Pastoral. Edited by Marco Fantuzzi, Theodore Papanghelis. – Leiden, Boston: Brill 2006.

Pastoral and the Humanities. Arcadia Re-inscribed. Edited by Mathilde Skoie, Sonia Bjørnstad Velázquez. – Exeter: Bristol Phoenix Press 2006.

‚Schau an der schönen Gärten Zier…'. Über irdische und himmlische Paradiese. Zu Theologie und Kulturgeschichte des Gartens. Hrsg. von Jürgen Ebach, Hans-Martin Gutmann, Magdalene L. Frettlöh, Michael Weinrich. – Gütersloh: Gütersloher Verlagshaus 2007 (Jabboq; 7).

Der Traum von Arkadien. Hrsg. von Berthold Heinecke, Michael Niedermeier. – Hundisburg: Kultur-Landschaft Haldensleben-Hundisburg 2007.

Revolution in Arkadien. Hrsg. von Berthold Heinecke, Harald Blanke. – Hundisburg: Kultur-Landschaft Haldensleben-Hundisburg 2007.
Arkadien und Europa. Hrsg. von Berthold Heinecke, Harald Blanke. – Hundisburg: Kultur-Landschaft Haldensleben-Hundisburg 2007.
Il mito d'Arcadia. Pastori e amori nelle arti del Rinascimento. A cura di Danielle Boillet, Alessandro Pontremoli. – Firenze: Olschki 2007 (L'Italia del Rinascimento e l'Europa; 4).
Arkadien in den romanischen Literaturen. Festschrift Sebastian Neumeister. Hrsg. von Roger Friedlein, Gerhard Poppenberg, Annett Volmer. – Heidelberg: Winter 2008 (Germanisch-Romanische Monatsschrift. Beihefte; 33).
Europa Arkadien. Jakob Philipp Hackert und die Imagination Europas um 1800. Hrsg. von Andreas Beyer, Lucas Burkart, Achatz von Müller, Gregor Vogt-Spira. – Göttingen: Wallstein Verlag 2008.

2. Monographien in Auswahl

Baudach, Frank: Planeten der Unschuld – Kinder der Natur. Die Naturstandsutopie in der deutschen und westeuropäischen Literatur des 17. und 18. Jahrhunderts. – Tübingen: Niemeyer 1993 (Hermaea. N.F.; 66).
Bauer, Marieluise: Studien zum deutschen Schäferroman des 17. Jahrhunderts. – Diss. phil. München 1979.
Behle, Carsten: ,Heil dem Bürger des kleinen Städtchens'. Studien zur sozialen Theorie der Idylle im 18. Jahrhundert. – Tübingen: Niemeyer 2002 (Frühe Neuzeit; 71).
Bernhard, Klaus: Idylle. Theorie, Geschichte, Darstellung in der Malerei 1750-1850. Zur Anthropologie deutscher Seligkeitsvorstellungen. – Köln, Wien: Böhlau 1977 (Dissertationen zur Kunstgeschichte; 4).
Bernsdorff, Hans: Hirten in der nicht-bukolischen Dichtung des Hellenismus. – Stuttgart: Steiner 2001 (Palingenesia; 72).
Brandt, Reinhard: Arkadien in Kunst, Philosophie und Dichtung. 3. Aufl. – Freiburg/Br., Berlin 2006 (Rombach-Wissenschaften. Reihe Quellen zur Kunst; 25).
Böschenstein-Schäfer, Renate: Idylle. 2., durchges. u. ergänzte Aufl. – Stuttgart 1967 (sammlung metzler; 63).
Borgmeier, Raimund: The Dying Shepherd. Die Tradition der englischen Ekloge von Pope bis Wordsworth. – Tübingen: Niemeyer 1976 (Anglia. Buchreihe; 17).

Buchheit, Vinzenz: Der Anspruch des Dichters in Vergils Georgika. Dichtertum und Heilsweg. – Darmstadt: Wissenschaftliche Buchgesellschaft 1972 (Impulse der Forschung; 8).

Caemmerer, Christiane: Siegender Cupido oder Triumphierende Keuschheit. Deutsche Schäferspiele des 17. Jahrhunderts. – Stuttgart-Bad Cannstatt: frommann-holzboog 1998 (Arbeiten und Editionen zur Mittleren Deutschen Literatur. N.F.; 2).

Carrara, Enrico: La poesia pastorale. – Milano: Vallardi 1909 (Storia dei Generi Letterari Italiani).

Chaudhuri, Sukanta: Renaissance Pastoral and its English Developments. – Oxford: Clarendon Press 1989.

Christoffel, Ulrich: Italienische Kunst. Die Pastorale. – Wien: Bergland Verlag 1952.

Cody, Richard: The Landscape of the Mind. Pastoralism and Platonic Theory in Tasso's Aminta and Shakespeare's Early Comedies. – Oxford: Clarendon Press 1969.

Cooper, Helen: Pastoral. Mediaeval into Renaissance. – Ipswich: Brewer; Totowa: Rowman & Littlefield 1977.

Dedner, Burghard: Topos, Ideal und Realitätspostulat. Studien zur Darstellung des Landlebens im Roman des 18. Jahrhunderts. – Tübingen: Niemeyer 1969 (Studien zur deutschen Literatur; 16).

Delaporte, André: Bergers d'Arcadie. Poètes et philosophes de l'âge d'or dans la littérature française du XVIIIe siècle. – Puiseaux: Pardès 1988 (Collection ‚L'Age d'Or').

Dorangeon, Simone: L'églogue anglaise de Spenser à Milton. – Paris: Didier 1974 (Études Anglaises; 49).

Duchemin, Jacqueline: La houlette et la lyre. Recherche sur les origines pastorales de la poésie. Vol. I: Hermès et Apollon. – Paris: Les Belles Lettres 1960.

Duesberg, Peter: Idylle und Freiheit. Ein Entwicklungsmodell der frühromantischen Landschaft in der Wechselwirkung von äußerer und innerer Natur. – Frankfurt a.M.: Peter Lang 1996.

Effe, Bernd; Binder, Gerhard: Die antike Bukolik. – München, Zürich 1989 (Artemis Einführungen; 38).

Empson, William: Some Versions of Pastoral. A Study of Pastoral Form in Literature. – Harmondsworth: Penguin 1966 (Peregrine books; Y56) [Erstdruck 1935].

Faber, Richard: Politische Idyllik. Zur sozialen Mythologie Arkadiens. – Stuttgart: Klett 1977 (Literaturwissenschaft - Gesellschaftswissenschaft; 26).

Frühsorge, Gotthardt: Die Kunst des Landlebens. Vom Landschloß zum Campingplatz. Eine Kulturgeschichte. – München, Berlin: Koehler & Amelang 1993.

Garber, Klaus: Der locus amoenus und der locus terribilis. Bild und Funktion der Natur in der deutschen Schäfer- und Landlebendichtung des 17. Jahrhunderts. – Köln, Wien: Böhlau 1974 (Literatur und Leben. N.F.; 16).

Garber, Klaus: Wunschbild Arkadien. Die Metamorphosen einer europäischen Utopie. – In: Garber: Literatur und Kultur im Europa der Frühen Neuzeit. Gesammelte Studien. – München: Fink 2009, S. 215-330 [Fünf Beiträge zur europäischen Pastorale].

Garber, Klaus: Wunschbild Arkadien. Eine europäische Utopie in der deutschen Version. – In: Garber: Literatur und Kultur im Deutschland der Frühen Neuzeit. – München: Fink 2010 [Zehn Beiträge zur deutschen Schäfer-, Landleben- und Idyllendichtung. Im Druck!]

Gatz, Bodo: Weltalter, goldene Zeit und sinnverwandte Vorstellungen. – Hildesheim: Olms 1967 (Spudasmata; 16).

Gerhardt, Mia I.: La Pastorale. Essai d'analyse littéraire. – Assen 1950 (Van Gorcum's Litteraire Bibliotheek; 8).

Gifford, Terry: Pastoral. – London, New York: Routledge 1999 (The New Critical Idiom).

Göbel, Heidi: Die Parodie der englischen Hirtendichtung. – Heidelberg: Winter 1982 (Anglistische Forschungen; 153).

Grant, Leonard W.: Neo-Latin Literature and the Pastoral. – Chapel Hill: University of North Carolina Press 1965.

Günther, Rigobert; Müller, Reimar: Das Goldene Zeitalter. Utopien der hellenistisch-römischen Antike. – Stuttgart: Kohlhammer 1988.

Haber, Judith: Pastoral and the Poetics of Self-Contradiction. Theocritus to Marvell. – Cambridge: Cambridge University Press 1994.

Hämmerling, Gerhard: Die Idylle von Geßner bis Voß. Theorie, Kritik und allgemeine geschichtliche Bedeutung. – Frankfurt a.M.: Peter Lang 1981.

Haß, Petra: Der locus amoenus in der antiken Literatur. Zu Theorie und Geschichte eines literarischen Motivs. – Bamberg: Wissenschaftlicher Verlag 1998.

Haß, Ulrike: Militante Pastorale. Zur Literatur der antimodernen Bewegungen im frühen 20. Jahrhundert. – München: Fink 1993.

Himmelmann, Nikolaus: Über Hirten-Genre in der antiken Kunst. – Opladen: Westdeutscher Verlag 1980 (Abhandlungen der Rheinisch-Westfälischen Akademie der Wissenschaften; 65).

Hoffmeister, Gerhart: Die spanische Diana in Deutschland. Vergleichende Untersuchungen zu Stilwandel und Weltbild des Schäferromans im 17. Jahrhundert. – Berlin: Erich Schmidt 1972 (Philologische Studien und Quellen; 68).

Hulubei, Alice: L'Églogue en France au XVIe siècle. Époque des Valois <1515-1589>. – Paris: Droz 1938.

Iser, Wolfgang: Spensers Arkadien. Fiktion und Geschichte in der englischen Renaissance. – Krefeld: Scherpe 1970 (Schriften und Vorträge des Petrarca-Instituts Köln; 24).

Jäger, Hella: Naivität. Eine kritisch-utopische Kategorie in der bürgerlichen Literatur und Ästhetik des 18. Jahrhunderts. – Kronberg/Taunus: Scriptor 1975.

Jürgensen, Renate: Die deutschen Übersetzungen der ‚Astrée' des Honoré d'Urfé. – Tübingen: Niemeyer 1990 (Frühe Neuzeit; 2).

Jung, Hermann: Die Pastorale. Studien zur Geschichte eines musikalischen Topos. – Bern, München: Francke 1980 (Neue Heidelberger Studien zur Musikwissenschaft; 9).

Kaiser, Gerhard: Wandrer und Idylle. Goethe und die Phänomenologie der Natur in der deutschen Dichtung von Geßner bis Gottfried Keller. – Göttingen: Vandenhoeck & Ruprecht 1977.

Kaiser, Gerhard: Von Arkadien nach Elysium. Schiller-Studien. – Göttingen: Vandenhoeck & Ruprecht 1978.

Kegel-Brinkgreve, Elze: The Echoing Woods. Bucolic and Pastoral from Theocritus to Wordsworth. – Amsterdam: Gieben 1990.

Kempf, Theodor Konrad: Christus der Hirt. Ursprung und Deutung einer altchristlichen Symbolgestalt. – Rom: Officium Libri Catholici 1942.

Kennedy, William J.: Jacopo Sannazaro and the Uses of Pastoral. – Hanover/N.H.: University Press of New England 1983.

Kettemann, Rudolf: Bukolik und Georgik. Studien zu ihrer Affinität bei Vergil und später. – Heidelberg: Winter 1977 (Heidelberger Forschungen; 19).

Korbacher, Dagmar: Paradiso und Poesia. Zur Entstehung arkadischer Naturbildlichkeit bis Giorgione. – Augsburg: Staden 2007 (Schriften zur Kunst- und Kulturgeschichte; 3).

Krautter, Konrad: Die Renaissance der Bukolik in der lateinischen Literatur des XIV. Jahrhunderts: von Dante bis Petrarca. – München: Fink 1983 (Theorie und Geschichte der Literatur und der Schönen Künste. Texte und Abhandlungen; 65).

Kubusch, Klaus: Aurea Saecula. Mythos und Geschichte. Untersuchung eines Motivs in der antiken Literatur bis Ovid. – Frankfurt

a.M. [u.a.]: Peter Lang 1986 (Studien zur klassischen Philologie; 28).
Küchler Williams, Christiane: Erotische Paradiese. Zur europäischen Südseerezeption im 18. Jahrhundert. – Göttingen: Wallstein 2004 (Das achtzehnte Jahrhundert. Supplementa; 10).
Lange, Thomas: Idyllische und exotische Sehnsucht. Formen bürgerlicher Nostalgie in der deutschen Literatur des 18. Jahrhunderts. – Kronberg/Taunus: Scriptor 1976 (Scriptor-Hochschulschriften. Literaturwissenschaft; 23).
Lessig, Doris: Ursprung und Entwicklung der spanischen Ekloge bis 1650 <mit Anhang eines Eklogenkataloges>. – Genève: Droz 1962 (Kölner Romanistische Arbeiten. N.F.; 22).
Levin, Harry: The Myth of the Golden Age in the Renaissance. – Bloomington, London: Indiana University Press 1969.
Lipsker gen. Zarden, Erika: Der Mythos vom goldenen Zeitalter in den Schäferdichtungen Italiens, Spaniens und Frankreichs zur Zeit der Renaissance. – Diss. phil. Berlin 1933.
Lohmeier, Anke-Marie: Beatus ille. Studien zum ‚Lob des Landlebens' in der Literatur des absolutistischen Zeitalters. – Tübingen: Niemeyer 1981 (Hermaea. Germanistische Forschungen. N.F.; 44).
Mähl, Hans-Joachim: Die Idee des goldenen Zeitalters im Werk des Novalis. Studien zur Wesensbestimmung der frühromantischen Utopie und zu ihren ideengeschichtlichen Voraussetzungen. – Heidelberg: Winter 1965 (Probleme der Dichtung; 7). 2., unveränderte Auflage. – Tübingen: Niemeyer 1994.
Maisak, Petra: Arkadien. Genese und Typologie einer idyllischen Wunschwelt. – Frankfurt a.M., Bern: Peter Lang 1981.
Payne, Mark: Theocritus and the Invention of Fiction. – Cambridge: Cambridge University Press 2007.
Pethes, Nicolas: Zöglinge der Natur. Der literarische Menschenversuch des 18. Jahrhunderts. – Göttingen: Wallstein 2007.
Peucker, Brigitte: Arcadia to Elysium. Preromantic Modes in 18th Century Germany. – Bonn: Grundmann 1980 (Studien zur Germanistik, Anglistik und Komparatistik; 81).
Pöschl, Viktor: Die Hirtendichtung Virgils. – Heidelberg: Winter 1964.
Poggioli, Renato: The Oaten Flute. Essays on Pastoral Poetry and the Pastoral Ideal. – Cambridge/Mass.: Harvard University Press 1975.
Putnam, Michael C.J.: Virgil's Pastoral Art. Studies in the Eclogues. – Princeton/N.J.: Princeton University Press 1970.
Rahn-Gassert, Annemarie: Et in Arcadia ego. Studien zum spanischen Schäferroman. – Diss. phil. Heidelberg 1967.

Reinhardt, Thomas: Die Darstellung der Bereiche Stadt und Land bei Theokrit. – Bonn: Habelt 1988.

Riedel, Wolfgang: ‚Der Spaziergang'. Ästhetik der Landschaft und Geschichtsphilosophie der Natur bei Schiller. – Würzburg: Königshausen & Neumann 1989.

Röben de Alencar Xavier, Wiebke: Salomon Gessner im Umkreis der Encyclopédie. Deutsch-französischer Kulturtransfer und europäische Aufklärung. – Genève: Slatkine, Paris: Honoré Champion 2006 (Travaux sur la Suisse des Lumières; 5).

Røstvig, Maren-Sofie: The Happy Man. Studies in the Metamorphoses of a Classical Ideal. Vol. I: 1600-1700. Sec. Edition. – Oslo: Norwegian University Press 1962 (Oslo Studies in English; 2). – Vol. II: 1700-1760. Sec. Edition. – Oslo: Universitetsforlaget, New York: Humanities Press 1971 (Oslo Studies in English; 7).

Roters, Eberhard: Jenseits von Arkadien. Die romantische Landschaft. – Köln: DuMont 1995 (Art in Context).

Sautermeister, Gert: Idyllik und Dramatik im Werk Friedrich Schillers. Zum geschichtlichen Ort seiner klassischen Dramen. – Stuttgart etc.: Kohlhammer 1971 (Studien zur Poetik und Geschichte der Literatur; 17).

Schmidt, Ernst A.: Poetische Reflexion. Vergils Bukolik. – München: Fink 1972.

Schmidt, Ernst A.: Bukolische Leidenschaft oder Über antike Hirtenpoesie. – Frankfurt a.M., Bern, New York: Peter Lang 1987 (Studien zur klassischen Philologie; 22).

Schneider, Florian: Im Brennpunkt der Schrift. Die Topographie der deutschen Idylle in Texten des 18. Jahrhunderts. – Würzburg: Königshausen & Neumann 2004 (Epistemata. Reihe Literaturwissenschaft; 496).

Schneider, Helmut J.: Bürgerliche Idylle. Studien zu einer literarischen Gattung des 18. Jahrhunderts am Beispiel von Johann Heinrich Voss. – Diss. phil. Bonn 1975.

Schneider, Norbert: Geschichte der Landschaftsmalerei. Vom Spätmittelalter bis zur Romantik. – Darmstadt: Primus-Verlag 1999.

Seeber, Hans Ulrich: Moderne Pastoraldichtung in England. Studien zur Theorie und Praxis der pastoralen Versdichtung in England nach 1800 mit besonderer Berücksichtigung von Edward Thomas <1878-1917>. – Frankfurt a.M., Bern, Cirencester/U.K.: Peter D. Lang 1979 (Neue Studien zur Anglistik und Amerikanistik; 16).

Segal, Charles: Poetry and Myth in Ancient Pastoral. Essays on Theocritus and Virgil. – Princeton/N.J.: Princeton University Press 1981 (Princeton Series of Collected Essays).

Seibert, Ilse: Hirt - Herde - König. Zur Herausbildung des Königtums in Mesopotamien. – Berlin: Akademie-Verlag 1969 (Deutsche Akademie der Wissenschaften zu Berlin. Schriften der Sektion für Altertumswissenschaft; 53).

Stamnitz, Susanne: Prettie Tales of Wolues and Sheepe. Tragikomik, Pastorale und Satire im Drama der englischen und italienischen Renaissance 1550-1640. – Heidelberg: Winter 1977 (Anglistische Forschungen; 125).

Stanzel, Karl-Heinz: Liebende Hirten. Theokrits Bukolik und die alexandrinische Poesie. – Stuttgart, Leipzig: Teubner 1995 (Beiträge zur Altertumskunde; 60).

Stephan, Rüdiger: Goldenes Zeitalter und Arkadien. Studien zur französischen Lyrik des ausgehenden 18. und des 19. Jahrhunderts. – Heidelberg: Winter 1971 (Studia Romanica; 22).

Tismar, Jens: Gestörte Idyllen. Eine Studie zur Problematik der idyllischen Wunschvorstellungen am Beispiel von Jean Paul, Adalbert Stifter, Robert Walser und Thomas Bernhard. – München: Hanser 1973 (Literatur als Kunst).

Töns, Ulrich: Vergil und die Ekloge in den romanischen Ländern. Untersuchungen zu Struktur, Einfluß und Weiterentwicklung einer lateinischen lyrischen Gattung. – Diss. phil. Münster 1973.

Van Elslande, Jean-Pierre: L'imaginaire pastoral du XVIIe siècle. 1600-1650. – Paris: Presses Universitaires de France 1999 (Perspectives littéraires).

Veit, Walter: Studien zur Geschichte des Topos der Goldenen Zeit von der Antike bis zum 18. Jahrhundert. – Diss. phil. Köln 1961.

Vischer, Rüdiger: Das einfache Leben. Wort- und motivgeschichtliche Untersuchungen zu einem Wertbegriff der antiken Literatur. – Göttingen: Vandenhoeck & Ruprecht 1965 (Studienhefte zur Altertumswissenschaft; 11).

Wade, Mara R.: The German Baroque Pastoral ‚Singspiel'. – Bern etc.: Peter Lang 1990 (Berner Beiträge zur Barockgermanistik; 7).

Wappenschmidt, Friederike: Der Traum von Arkadien. Leben, Liebe, Licht und Farbe in Europas Lustschlössern. – München: Klinkhardt & Biermann 1990.

Wendel, Herta: Arkadien im Umkreis bukolischer Dichtung in der Antike und in der französischen Literatur. – Gießen: Selbstverlag des Romanischen Seminars 1933 (Gießener Beiträge zur Romanischen Philologie; 26).

Werner-Fädler, Margarethe: Das Arkadienbild und der Mythos der goldenen Zeit in der französischen Literatur des 17. und 18. Jahrhunderts. – Salzburg 1972 (Salzburger Romanistische Schriften; 3).

Williams, Raymond: The Country and the City. – London: Chatto & Windus 1973.

Witek, Franz: Vergils Landschaften. Versuch einer Typologie literarischer Landschaft. – Hildesheim, Zürich, New York: Olms 2006 (Spudasmata; 111).

Wormbs, Brigitte: Über den Umgang mit Natur. Landschaft zwischen Illusion und Ideal. – München: Hanser 1976.

Abbildungsnachweis

Abb. 1:
Arkadische Landschaft, Ölgemälde von Jakob Philipp Hackert, 1805.
Bildarchiv der Staatsbibliothek zu Berlin – Preußischer Kulturbesitz, Sammlung Rohloff.

Abb. 2:
Pan, Gipsabguß einer antiken Bronzestatuette aus Lusoi in Arkadien.
Reinhard Herbig: Pan. Der griechische Bocksgott, Versuch einer Monographie. – Frankfurt am Main: Klostermann 1949, Tafel I.

Abb. 3:
Pan als Musiklehrer des Daphnis, antike Marmorskulptur.
Reinhard Herbig: Pan. Der griechische Bocksgott, Versuch einer Monographie. – Frankfurt am Main: Klostermann 1949, Tafel XVI, 2.

Abb. 4:
Porträt des Theokrit (?), spätantiker Silberteller.
Theokrit: Sämtliche Dichtungen. Übertragen und hrsg. von Dietrich Ebener. – Leipzig: Insel 1983, Schutzumschlag.

Abb. 5:
Dionysos und ein Satyr, antike Trinkschale, um 460 v. Chr.
Friedrich Wilhelm Hamdorf: Dionysos – Bacchus. Kult und Wandlungen des Weingottes. – München: Callwey 1986, S. 60.

Abb. 6:
Allegorie der Musik (Orpheus), Relief von Luca della Robbia am Campanile des Doms in Florenz, 1439.
Orpheus. The Metamorphoses of a Myth. Hrsg. von John Warden. – Toronto: University Press 1982, S. 112.

Abb. 7:
Grab des Daphnis, Illustration zur 5. Ekloge des Vergil, Straßburg 1502.

Arkadien: Landschaft vergänglichen Glücks. Hrsg. von Petra Maisak und Corinna Fiedler. – Frankfurt am Main, Leipzig: Insel 1992 (Insel Taschenbuch; 1421), S. 113.

Abb. 8:
Holzschnitt zur 7. Ekloge des Vergil.
Vergil: Bucolica/Hirtengedichte. Lateinisch & in deutscher Übersetzung von Rudolf Alexander Schröder mit Holzschnitten von Aristide Maillol. – Frankfurt am Main: Suhrkamp 1957, S. 65.

Abb. 9:
Blick auf die Ruinen des Asklepieions von Gortys in Arkadien, Foto G.P. Komboncholis.
Antike Welt. Zeitschrift für Archäologie und Kulturgeschichte 18 (1987), Sondernummer: Arkadien, Umschlag.

Abb. 10:
Holzschnitt zur 1. Ekloge des Vergil.
Vergil: Bucolica/Hirtengedichte. Lateinisch & in deutscher Übersetzung von Rudolf Alexander Schröder mit Holzschnitten von Aristide Maillol. – Frankfurt am Main: Suhrkamp 1957, S. 7.

Abb. 11:
Holzschnitt zu den Hirtengedichten des Vergil.
Vergil: Bucolica/Hirtengedichte. Lateinisch & in deutscher Übersetzung von Rudolf Alexander Schröder mit Holzschnitten von Aristide Maillol. – Frankfurt am Main: Suhrkamp 1957, S. 3 (Titelblatt).

Abb. 12:
Holzschnitt zur 4. Ekloge des Vergil.
Vergil: Bucolica/Hirtengedichte. Lateinisch & in deutscher Übersetzung von Rudolf Alexander Schröder mit Holzschnitten von Aristide Maillol. – Frankfurt am Main: Suhrkamp 1957, S. 38.

Abb. 13:
Der Gute Hirte, Bodenmosaik in der Basilika von Aquileia, 4. Jhd. n. Chr.
Lexikon der christlichen Ikonographie. Hrsg. von Engelbert Kirschbaum in Zusammenarbeit mit Günter Bandmann u.a. Band 2: Allgemeine Ikonographie: Fabelwesen – Kynokephalen. – Freiburg im Breisgau 1970, Sp. 293/294.

Abb. 14:
Titelblatt einer humanistischen Ausgabe von Vergils Bucolica, um 1500.
Bernd Schneider: Vergil. Handschriften und Drucke der Herzog August Bibliothek. Ausstellung in der Bibliotheca Augusta, 5. Oktober 1982 bis 27. März 1983. Mit Beiträgen von Susanne Netzer und Heinrich Rumphorst, eingeleitet von Bernhard Kytzler. – Wolfenbüttel 1982 (Ausstellungskataloge der Herzog August Bibliothek; 37), S. 127.

Abb. 15:
Titelblatt der Gründungsschrift des Pegnesischen Blumenordens, Nürnberg 1644-1645.
Georg Philipp Harsdörffer, Sigmund von Birken, Johann Klaj: Pegnesisches Schäfergedicht 1644-1645. Hrsg. von Klaus Garber. – Tübingen: Niemeyer 1966 (Deutsche Neudrucke. Reihe: Barock; 8), S. 1.

Abb. 16:
Titelblatt der Prosaekloge von Martin Opitz als Prototyp für die Gattung, Breslau 1630.
Martin Opitz: Die Schäfferey von der Nimfen Hercinie. Faksimiledruck nach der Ausgabe von 1630. Hrsg. und eingeleitet von Karl F. Otto, Jr. – Bern, Frankfurt am Main: Lang 1976 (Nachdrucke deutscher Literatur des 17. Jahrhunderts; 8), S. 1.

Abb. 17:
Pegnitzpartie mit Hallerwiese vor den Toren Nürnbergs, Radierung von Johann Christoph Jakob Wilder, 1812.
Georg Philipp Harsdörffer, Sigmund von Birken, Johann Klaj: Pegnesisches Schäfergedicht 1644-1645. Hrsg. von Klaus Garber. – Tübingen: Niemeyer 1966 (Deutsche Neudrucke. Reihe: Barock; 8), Abb. 7.

Abb. 18:
Titelblatt von Sigmund von Birkens ‚Schönheit-Lob‘ in der ‚Pegnesis‘, Nürnberg 1673.
PEGNESIS: oder der Pegnitz Blumgenoß-Schäfere FeldGedichte in neun Tagzeiten: meist verfasset/ und hervorgegeben/ durch Floridan. Nürnberg/ Gedruckt und verlegt von Wolf Eberhard Felseckern. A. MDCLXXIII., S. 211.

Abb. 19:
Maria Catharina Stockfleth als Schäferin Dorilis, Kupferstich-Porträt mit Huldigungsversen Sigmund von Birkens, Nürnberg 1673.

Maria Katharina Stockfleth: Die Kunst- und Tugendgezierte Macarie. Teil II. Faksimiledruck nach der Auflage von 1673. Hrsg. von Volker Meid. – Bern, Frankfurt am Main, Las Vegas: Lang 1978 (Nachdrucke deutscher Literatur des 17. Jahrhunderts; 20), S. [6].

Abb. 20:
Titelblatt der Hochzeitsschrift für Heinrich Arnold und Maria Catharina Stockfleth, Bayreuth 1669.
Fürtrefflichkeit des Liebblöblichen Frauenzimmers: bey Beglückwünschung der Hochzeitlichen EhrenFreude des Ehr- und Preißwürdigen PegnitzSchäfers DORUS und der Tugend- und Kunst-beEhrten PegnitzSchäferinn DORILIS/ in einem FrülingsGespräche vorgestellet von der Pegnitz-Gesellschaft. Bayreuth/ bey Johann Gebhard/ im 1669 ChristJahr.

Abb. 21:
Titelblatt der Habilitationsschrift von Arnold Hirsch, Frankfurt am Main 1934.
Arnold Hirsch: Bürgertum und Barock im deutschen Roman. Eine Untersuchung über die Entstehung des modernen Weltbildes. – Frankfurt am Main: Baer & Co. 1934, S. 5.

Abb. 22:
Holzschnitt zum antiken Hirtenroman ‚Daphnis und Chloë' des Longos, um 300 n. Chr.
Longos: Daphnis und Chloë. Mit Holzschnitten von Aristide Maillol. Übersetzung aus dem Griechischen und Anmerkungen von Arno Mauersberger. Mit Nachworten von Reimar Müller und Verena Zinserling-Paul. – Leipzig: Reclam 1987, S. 3.

Abb. 23:
Szenenholzschnitt zu Torquato Tassos 1573 in Ferrara uraufgeführtem Schäferdrama ‚Aminta', Venedig 1590.
Heinz Kindermann: Theatergeschichte Europas. Band II: Das Theater der Renaissance. 2., vermehrte und verbesserte Auflage. – Salzburg: Müller 1959, S. 62.

Abb. 24:
Illustration zu Giovanni Battista Guarinis 1585 in Turin uraufgeführtem Schäferdrama ‚Il pastor fido', Venedig 1602.
Heinz Kindermann: Theatergeschichte Europas. Band II: Das Theater

der Renaissance. 2., vermehrte und verbesserte Auflage. – Salzburg: Müller 1959, S. 64.

Abb. 25:
Szene aus dem Hirtenspiel ‚Ninfa ritrosa', aufgeführt am 12. Februar 1654 im Kurfürstlichen Theater zu München.
Gustav Könnecke: Bilderatlas zur Geschichte der deutschen Nationallitteratur. Eine Ergänzung zu jeder deutschen Litteraturgeschichte. Nach den Quellen bearbeitet. Zweite verbesserte und vermehrte Auflage. – Marburg: Elwert 1895, S. 201.

Abb. 26:
Titelblatt der Erstausgabe von Salomon Gessners ‚Idyllen', Zürich 1756.
Gustav Könnecke: Bilderatlas zur Geschichte der deutschen Nationallitteratur. Eine Ergänzung zu jeder deutschen Litteraturgeschichte. Nach den Quellen bearbeitet. Zweite verbesserte und vermehrte Auflage. – Marburg: Elwert 1895, S. 219.

Abb. 27:
Salomon Gessner, Kupferstich-Porträt von Matthias Gottfried Eichler nach einem Ölgemälde von Anton Graff, 1784.
Maler und Dichter der Idylle. Salomon Gessner 1730-1788. Ausstellung zum 250. Geburtstag Salomon Gessners, veranstaltet von der Präsidialabteilung der Stadt Zürich und der Herzog August Bibliothek Wolfenbüttel in Zusammenarbeit mit der Zentralbibliothek, dem Kunsthaus Zürich und dem Schweizerischen Landesmuseum Zürich. 2. Auflage. – Wolfenbüttel 1982 (Ausstellungskataloge der Herzog August Bibliothek; 30), S. 23.

Abb. 28:
Landschaft mit dem Hirtenpaar, Pinsel- und Federzeichnung Gessners zu seinen Idyllen, 1771.
Maler und Dichter der Idylle. Salomon Gessner 1730-1788. Ausstellung zum 250. Geburtstag Salomon Gessners, veranstaltet von der Präsidialabteilung der Stadt Zürich und der Herzog August Bibliothek Wolfenbüttel in Zusammenarbeit mit der Zentralbibliothek, dem Kunsthaus Zürich und dem Schweizerischen Landesmuseum Zürich. 2. Auflage. – Wolfenbüttel 1982 (Ausstellungskataloge der Herzog August Bibliothek; 30), S. 145.

Abb. 29:
Johann Heinrich Voß, Kupferstich-Porträt von Carl Barth, Heidelberg 1826.
Hymne an Demeter. Übersetzt und erläutert von Johann Heinrich Voß. – Heidelberg: Winter 1826, Frontispiz.

Abb. 30:
Allegorie auf das Ende des Feudalsystems in Frankreich, Radierung um 1789.
Das Werden der modernen Welt (1648-1918). Bearb. von Erich Goerlitz. – Paderborn: Schöningh 1977, S. 69.

Abb. 31:
Frontispiz von Daniel Chodowiecki zur ‚Luise' von Johann Heinrich Voß, Königsberg 1800.
Idyllen der Deutschen. Texte und Illustrationen. Hrsg. von Helmut J. Schneider. – Frankfurt am Main: Insel 1978, S. 247.

Abb. 32:
Hermann und Dorothea am Brunnen, Kupferstich von Johann Friedrich Bolt nach einem Holzschnitt von Franz Ludwig Catel zur Ausgabe 1808.
Gustav Könnecke: Bilderatlas zur Geschichte der deutschen Nationallitteratur. Eine Ergänzung zu jeder deutschen Litteraturgeschichte. Nach den Quellen bearbeitet. Zweite verbesserte und vermehrte Auflage. – Marburg: Elwert 1895, S. 288.

Abb. 33:
Bacchanal, Wandteppich nach einer Vorlage von Pablo Picasso, 1963.
Friedrich Wilhelm Hamdorf: Dionysos - Bacchus. Kult und Wandlungen des Weingottes. – München: Callwey 1986, S. 139.

Abb. 34:
Pan, Lithographie von Pablo Picasso, 1948.
Arkadien: Landschaft vergänglichen Glücks. Hrsg. von Petra Maisak und Corinna Fiedler. – Frankfurt am Main, Leipzig: Insel 1992 (Insel Taschenbuch; 1421), S. 4.